本書を活用することで、1人でも多くの弁護士が、1人でも多くの市民の相談や依頼に応え、法の支配の実現に少しでも貢献できれば、筆者にとってこれに勝る喜びはありません。

2021 年 9 月

深澤　諭史

JN054895

集客力がアップする！
弁護士のためのネット広告入門

目次

はじめに……………………………………………………………………… 3

| 第1章 | 弁護士広告を始める前に
知っておきたいこと |

1　弁護士にとっての弁護士広告 ……………………………… 12

2　社会にとっての弁護士広告 ………………………………… 16

3　弁護士広告は社会と弁護士との架け橋 …………………… 19

4　「弁護士広告」の定義 ………………………………………… 21

5　弁護士広告のルール ………………………………………… 23

6　ルールを守ることの重要性 ………………………………… 28

7　弁護士広告の「トラブル」 ………………………………… 31

8　弁護士広告で「成功」することの重要性 ………………… 35

第2章 ネット広告の始め方・作り方

1 まずはチャンネルを決めよう ……………………… 38

2 インターネット広告のススメ ……………………… 42

3 業者に頼むか、自作するかを決めよう …………… 44

4 ＳＮＳで弁護士広告をやってみる ………………… 48

5 検索順位の秘密と引き上げのコツ ………………… 52

6 依頼者は費用より弁護士紹介を見ている ………… 57

7 弁護士紹介の書き方 ………………………………… 60

8 結局予算はどれくらい？ …………………………… 63

9 広告会社の選び方 …………………………………… 65

10 営業の怪しい広告業者は避けるべし …………… 70

11 広告と非弁提携の関係 …………………………… 72

12 特定事件に特化した専門サイトを作る ………… 76

13 業務案内・アピールは全て
「法律相談」の応用と心得るべし ……………… 80

14 「取扱」「注力」「専門分野」の使い方 ………… 83

15 「○○に強い弁護士」という表現 ……………… 85

16 専門表示をするべきか否か ……………………… 88

17 依頼者とのトラブルの原因になる広告 ………… 92

第3章 ネット広告の続け方

1　始めた「後」こそ大事 ………………………………………… 98

2　アクセス数は全体と個別を把握しよう ……………………… 100

3　どこから来たか把握しよう …………………………………… 103

4　どんなキーワードで来たか把握しよう ……………………… 105

5　法律相談から考える広告の改善 ……………………………… 107

6　検索順位を維持するためには ………………………………… 110

7　ネット広告のためのエゴサーチ ……………………………… 114

第4章	**ネット広告と問い合わせ対応**	
1	受任に繋がらないと意味がない	120
2	多くの弁護士が失敗している問い合わせ対応	123
3	ネット経由の問い合わせは危険がいっぱい	125
4	利益相反に注意	128
5	偽名・「なりすまし」相談に注意	131
6	匿名相談にも要注意	133
7	応答しないとまずいことになる	135
8	相談にも受任にも繋がらない問い合わせの見分け方	137
9	相談にも受任にも繋がらない問い合わせを減らす方法	141
10	相談が重要であることを理解してもらう方法	145
11	具体的な問い合わせ対応の方法	148
12	メールによる問い合わせ対応と相談・受任に繋げる工夫	155
13	最後に伝えたいこと	159

第1章

弁護士広告を始める前に
知っておきたいこと

弁護士にとっての弁護士広告

❶ 弁護士広告のイメージを切り替える

　本章では、前置きとして、弁護士広告が弁護士にどのようなイメージを持たれている存在であるか、社会的にはどのように思われているか、弁護士と社会と弁護士広告の関係などについて、筆者の見解を概説します。

　その上で、弁護士広告の規制を概説し、頻出のトラブル等についても触れていきます。

　本書のテーマは、「効果的な弁護士広告の実施」ですから、本章で触れるのはテーマそのものではありません。それでも本章の前半部分を総論に、後半部分を規制について割り当てているのは、これらが**効果的な弁護士広告を実施する上で重要**だからです。

　筆者は、弁護士広告の問題について、弁護士相手に、弁護士会の委員会や SNS などで議論することがたびたびあるのですが、弁護士広告を実施している弁護士自身ですら、弁護士広告そのものには、あまりいいイメージを持っていないことも少なくありません。

　「仕事を得るために仕方がなくする」とか、「もっぱら経済的利益を目的にして行われるものである」「しないで済むなら、それに越したことはない」等のイメージも持たれています。これらは、全面的に誤りではなく、ある意味においては真実です。ですが、弁護士広告に対する否定的な印象はあくまでも一面的なものに過ぎません。社会にとって有益な側面も大いにあります。

　そういうことで、「**弁護士広告が悪いのではなくて、悪い弁護士広告がある**」「**弁護士広告は、弁護士のためだけではなくて、社会のた**

めにもなる」ということを理解していただくために解説する次第です。

❷ 弁護士広告の一般的なイメージ

（1）ネガティブなイメージも多いけれど……

弁護士広告というと、弁護士である読者の皆さんは、どのようなイメージを持っているでしょうか？

ひょっとしたら、悪いイメージを持っているかもしれません。弁護士広告を実施していない弁護士は、「自分の本来の仕事を奪う存在だ」と思っているかもしれません。

また、そういう直接的（経済的！？）理由ではなく、「弁護士広告をしている弁護士は、広告ばかり派手で実績や能力が伴っていない」と思われる方もいるかもしれません。

このようなネガティブなイメージを、弁護士広告に対して持っている人も珍しくありません。

かくいう筆者も、「弁護士広告を認める現行制度は一定の弊害もあるだろう」と感じています。実際に問題がある広告を見ることもそう珍しくありません。後に述べますが、社会の目も弁護士広告に好意的なものばかりではありません。むしろ、厳しい目が向けられています。

（2）弁護士広告が悪いのではなくて悪い弁護士広告がある

弁護士広告の位置づけや効用、そして活用法を考えるにあたっては、弁護士広告には良いところ（これは、これからお話しします）もありますが、上述したように、問題もあること、良いイメージを与えるとは限らないことは念頭に置いておくことが重要です。

本書では、効果的な弁護士広告について解説するだけではなく、弁護士広告を実施する上で陥りがちな間違い・問題についても解説します。

ですが、それは弁護士広告そのものが悪いという話ではなく、悪い弁護士広告があるということです。弁護士広告には、弁護士業務の特性（専門性や情報の非対称性など）から、「容易に悪い弁護士広告が

実現できてしまう」という根本的な問題があるのです。

❸ 弁護士広告の弁護士に対する効用

（1）依頼があってこその弁護士

　弁護士広告は、若干ネガティブなイメージを持たれることが少なくない一方で、世にあふれています。それはもちろん、弁護士広告には大事な効用があるからです。

　弁護士広告の効用、それは、「**依頼を獲得することができる**」というものです。なお、第4章で詳しく触れますが、もう少し正確に言うと、得られるのは依頼ではなくて問い合わせです。

　「当たり前じゃないか」と思われるかもしれません。ただ、この当たり前は、弁護士広告の弁護士に対する「**効用**」を考える上で、そし**てそれを最大化する上で大事な視点**です。

　弁護士は霞を食べて生きているわけではありません。事務所の維持費、自分の生活費の合計額を売り上げが上回らないと、弁護士業も、そして生活も続けることはできません。依頼を受けるということは弁護士業を続けるため、もっと言えば弁護士が弁護士であるために必須です。

（2）広告した分野のスキルが磨かれる

　弁護士広告の効用を語ると、依頼を受けるとか、生活費と経費とを賄う程度の売り上げがないといけないとか、「もっぱらお金の話だ」というイメージをもたれるかもしれません。

　もちろん、経済的な面は大事です。ですが、もう少し、意識の高い（公益的な）ことを言ってみると、弁護士の業務の質に関わってきます。特に専門分野において、それは顕著です。

　どういうことかというと、基本的に、弁護士広告を出す場合、「弁護士がここにいます！　何でも頼んでください！」というだけの広告であることは稀です。また、現実問題として、そのような広告を出したところで、潜在的依頼者には届かないでしょう。ほとんどの**相談者**

は、**弁護士ではなくて、法律サービスを探している**からです。検索するときも、「弁護士　地名」だけで検索することは少なく、「弁護士　借金問題」とか、「弁護士　地名　離婚」などと検索します。

　弁護士広告は、効果の観点からすると、漠然と「何でもやります」では効果が低く（このあたりは第2章で触れます）、ある程度、特定分野に集中して行わざるを得ません。

　そうすると、**弁護士広告を実施した分野について、集中して依頼が来る**ことになります。当たり前ですが、特定の分野の事件を、処理すれば処理するほど、その事件についてのスキルは磨かれていきます。まんべんなくいろいろな分野を扱うこともとても大事ですが、一方で、特定分野を集中して取り扱えば、**専門性を得る**ことができます。

　つまり、弁護士広告は、単に「依頼を受ける」「売り上げを上げる」だけではなく、「自分が希望する分野についての依頼を集める」「選択した分野について集中的に取り扱うことでスキルが身につく」「専門性を獲得することができる」という効用もあるのです。

　専門性を身につけることができれば、よりよいサービスを廉価で依頼者に提供することができます。これは、弁護士のためだけではなく、依頼者、そして広く社会のためにもなるといえます。

2 社会にとっての弁護士広告

❶ 社会への情報提供は市民を救う

（1）弁護士広告が情報提供になる

　当然ですが、弁護士広告の内容としては、「弁護士がどういうサービス（例えば、債務整理など）を行うのか」だけでは不十分です。

　弁護士に依頼する人は、相当に不安になっているわけですから、単に解決するとか、そういうことだけでは理解を得られません。また、経過を説明せずに（しばしば、とても都合のよい）結果だけを記載すると、相談や受任後のトラブルにもなりかねません。

　そういうわけで、ほとんどの弁護士広告は、弁護士が「やる」ことはもちろん、事件の流れ、処理の流れ、そして関連する法律、実務上の取扱い等についても解説をしています。

　すなわち弁護士広告は、弁護士自身の情報提供であり、弁護士の行う業務の情報提供ですが、「**社会に対する法律情報の提供**」という重要な機能も有するということになります。

（2）法律に関する情報提供が重要な理由

　わざわざ述べるまでもないと思いますが、法律に関する情報提供は重要ですし、社会の役にも立ちます。

　正しい情報があれば、間違った法制度を信じ込んで損害を被ることを防ぐことができます。また、自分の権利利益を守ることのできる法制度を知ることができれば、救済を受けることもできます。

　一番わかりやすい例は、**借金問題**でしょう。昔のフィクションでは、借金苦で自死に追い込まれるとか、あるいは一家離散とか、そういう

描写を頻繁に見ましたが、今日ではそういう描写を見ることはすっかり減りました。今でも借金苦による自死はありますが、一時期に比べれば、そういうニュースを目にすることは減ったように思えます。

　なぜなら、今や「借金問題は破産をはじめとする法的手続きで解決することができる」ということが広く社会に知れ渡ったからです。

　ここまで来るには、もちろん問題解決のために今の実務を築き上げた先達の功績が第一にありますが、第二に**弁護士広告による啓蒙**があるのではないでしょうか。

　今や、借金関係のキーワードで検索すると弁護士広告が大量に表示されます。わざわざ検索しなくても、ウェブサイトを閲覧し、SNSを利用し、あるいはテレビを見れば、借金問題に関する広告をたくさん目にすることになります。

　弁護士広告について、ネガティブな印象を持つ弁護士も市民もいることは事実です。ですが一方で、**弁護士広告が多くの命を救ってきた**事実も否定できないでしょう。

❷ 弁護士広告があれば弁護士に相談・依頼ができる

（1）弁護士広告がないと相談・依頼に至らないことも

　弁護士広告がないと、弁護士にたどり着けない、弁護士に相談・依頼ができないことがあり得ます。

　「今や、ゼロワン地域もほとんどなくなったし、弁護士が見つからない、なんてことはそうそうないのではないか」と思われるかもしれません。確かに、弁護士を見つけるだけであれば、全く苦労しない時代になりました。ですが、弁護士が見つかる環境さえあれば、相談・依頼に直ちにつながるわけではありません。

　弁護士に**相談するべきであるのに、そのことに気がつかない**ケースもあります。そうなると、弁護士がいくらいても、弁護士への相談や依頼には結びつきません。

　また、弁護士に相談や依頼を検討しても、「結果や費用の予想がつかない」「そもそもその弁護士で大丈夫なのか」と躊躇い、踏み切れ

ないことがあります。

　弁護士に相談する人は不安を抱えていることが通常ですが、相談に踏み切る段階で不安が邪魔をすることがあるということです。

（2）弁護士広告は相談者の不安を払拭する

　弁護士広告には、「弁護士に何ができるのか」「どれくらいの費用や時間がかかるのか」といったことが記載されています。広告を見て不安が払拭されれば、弁護士に相談をする決断ができます。

　また、事件そのものについての不安はもちろんですが、実は、相談者は想像以上に**弁護士そのものに不安**を抱いています。

　別に弁護士は怖い存在でもなんでもないですし、そもそも相談者の味方ですから身構える必要はないのですが、相談に抵抗を感じる人も少なくありません。

　また、事件によってはあまり言いたくないこと、プライベートなことを話す必要があります。弁護士から秘密が漏れることはないといっても、弁護士には秘密を明かさないといけないので、相談者は「**弁護士がどういう人か**」ということにも興味を持っています。

　弁護士広告には、弁護士の紹介があります。広告によって「弁護士がどういう人か」を事前に知ることができれば、弁護士そのものへの不安も解消され、相談に踏み切りやすくなります。

3 弁護士広告は社会と弁護士との架け橋

❶ 市民が弁護士に依頼しやすくなる

　既に述べたように、弁護士広告は、弁護士からすれば「依頼を受けやすくする」効果があります。

　依頼を受けやすくなるというのは、経済的な話だけでなく、専門化やスキルアップの役にも立ちます。また、相談者、つまりは市民や社会からすれば「弁護士に相談しやすくなる」効果があります。本来持っている権利を実現できなくなったり、失ったりすることの防止につながるわけですから、有益です。

❷ 弁護士広告で弁護士を「選べる」ようになった

　弁護士広告によって、単に依頼を受けやすく（しやすく）なるだけではなく、相談者が弁護士を選ぶことができるようにもなります。

　弁護士広告で弁護士を選ぶ。こう書くと、「誇大広告をしたほうが有利になる、それはけしからん」と思われる方もいるかもしれません。ですが、選ぶ基準となるのは、弁護士の優劣だけではありません。**相性の問題**もあります。

　弁護士にとっては常識ですが、事件において自分の依頼者がどういう人であるかは重要です。事件処理は、弁護士と依頼者とが二人三脚で行うものだからです。

　したがって、相談者にとって相性のよい弁護士を選ぶことは重要です。弁護士にとっても相性のよい相談者から依頼を受けることは重要です。

　弁護士広告が多く行われていれば、相談者は、弁護士を比較検討す

ることができます。費用や実績、能力だけではなく、相性についても検討することが可能です。

単に、事件を受任しやすくなる、依頼しやすくなるだけでなく、スムーズな事件処理にもつながるというわけです。

弁護士広告は、スムーズかつ良好な**弁護士と相談者のマッチングを図る役割**があり、まさに社会と弁護士との架け橋であるといえるでしょう。

❸ 弁護士広告を通じた社会参加

厳密には弁護士広告そのものの効果とはいえませんが、弁護士広告は、単に依頼を勧誘するだけではなく、弁護士自身の知見を披露したり、法制度を解説したりする内容も含みます。

情報提供が大事であることは既に述べた通りですが、こういう発信を通じて、法律相談以外の依頼が舞い込むことがあります。

筆者の体験談になりますが、あるときからインターネットの投稿問題についての取材がたくさん来るようになりました。縁もゆかりもないメディアばかりだったので、どこで知ったのかを聞くと「広告用のウェブサイトの解説を読んで」という話でした。

ほかにも出版につながるなど、弁護士広告は弁護士の活動の場を広げるツールでもあるといえます。

4

「弁護士広告」の定義

❶ 弁護士広告とは何か

（1） 弁護士広告の定義が重要な理由

　ここからは具体的な理論、弁護士広告の実践について解説していきます。最初に「弁護士広告とは何か」について解説します。といっても、禅問答のようなことをするつもりはありません。単にこの定義が規制上、重要であるため解説するものです。

　次項以降で詳しく解説しますが、弁護士広告には、弁護士会が定めた規程と指針による規制があり、違反すると弁護士会の指導を、違反の程度が甚だしいと懲戒処分を受けることになります。この点について、大手弁護士法人が処分を受けたケースや、最近では、広告の文面だけを理由とした懲戒処分もあり、注目が集まっているところです。

　弁護士広告に該当すると、「弁護士等の業務広告に関する規程」（以下「広告規程」といいます）を遵守する必要があります。具体的には、氏名や弁護士会の表示義務（広告規程9条1項）などが課されます。**広告に該当するかどうかは、広告規程を守る必要が生じるかどうかに繋がる**ので重要というわけです。

（2） 弁護士広告の定義——これって広告？

　弁護士広告の定義は、広告規程2条によると「弁護士又は弁護士法人が、口頭、書面、電磁的方法その他の方法により自己又は自己の業務を他人に知らせるために行う情報の伝達及び表示行為であって、顧客又は依頼者となるように誘引することを主たる目的とするものをいう」とされています。つまり、**弁護士業務に関連する情報提供で、主**

目的が顧客誘引であれば弁護士広告に該当すると要約できます。

事務所のウェブサイト、特定分野のウェブサイト、テレビＣＭ、折り込みチラシ、これらはいずれも弁護士広告であることは明らかです。

ただ、中には弁護士広告であるかどうか判断に迷うものもあります。そのような場合は、「業務広告に関する指針（日本弁護士連合会理事会決議）」（以下「広告指針」といいます）も参考になります。

さて、実際に判断に迷うこと、問題になることが多いのは**SNSアカウント**でしょう。これについては、事務所アカウントのような弁護士業務を抜きに活動が観念できないようなものについては、弁護士広告に該当するといえます。弁護士個人のアカウントなら、業務と全く関係ない発信は弁護士広告ではないですが、日々の業務について綴っている投稿などは**弁護士広告と評価される**可能性があるでしょう。

❷ 氏名と弁護士会の表示だけ注意すべし

実は、弁護士広告の定義については、そこまで気にする必要はありません。明らかに広告である（でない）ケースがほとんどで、広告かどうか判断に迷うケースは実務上もほぼありません。

そして、弁護士広告に該当すると広告規程の遵守が必要になりますが、基本的には「嘘」や「誇大」なもの、法令に反するものでなければ心配ありません。これらは、弁護士広告でなくても公に述べるべきではありません。そもそも広告でもないのに、あえて弁護士業務について嘘や誇大なことを実名で述べることは考えにくいでしょう。

結局、気をつけるべきは**弁護士会の表示義務**（広告規程９条１項２号）と**広告の３年間の保存義務**（広告規程11条）だけとなります。

弁護士会の表示義務については、SNSであればプロフィール欄などに書いておけば済みます。実際にTwitterを実名で利用している弁護士は、広告目的のツイートをしていなくてもほぼ全員が所属弁護士会を記載しています。おそらく個別のツイートがたまたま弁護士広告と評価された場合に備えてのことでしょう。保存義務についても、SNSであれば過去の投稿はいつでも引き出せるので問題ありません。

5

弁護士広告のルール

❶ 弁護士広告にはどんなルールがあるか

（1）広告規程と広告指針

　弁護士広告にまつわるルールとしては、広告規程とその解釈指針（広告規程13条に基づきます）を定めた広告指針があります。

　広告規程は全部で13条程度ですので、是非、広告をする前に見ておいてください。

　また、広告指針は、違反例が（やや極端なものもありますが）豊富に例示されておりわかりやすいので、これにも目を通しておくべきです。特に第3の12は「専門」表示の問題についても触れています（これについては、第2章16・88頁で詳しく触れます）。

（2）広告規程が定める重要なルール

　特に重要なルールについて、まず、広告規程3条の各号は、嘘であるとか、誇大広告を列挙して禁じており、基本的かつ重要な規制になります。もっとも、抽象的な定め方になっているので、判断に迷うこともあるかと思います。これについては、本書でもたびたび触れることにします。

　次に広告規程4条1号も重要です。**勝訴率**は、相談者からよく「可能性をパーセンテージで示してほしい」と言われることもあり、ついつい書きたくなってしまいます。法律相談で目安として伝えるのは問題なくても、弁護士広告として表示することは禁じられているので注意してください。

　また、広告規程9条1項2号も大事です。単に弁護士会の表示をす

ればいいだけなので気をつけていれば違反をすることはないはずですが、頻出の違反なので注意が必要です。なお、氏名の表示も必須（9条1項1号）なため、匿名広告はできません。SNSを匿名で利用しながら依頼を募るなどの行為が問題になり得ます。

　ほかにも、広告規程11条により広告については3年間の保存義務があります。インターネットの広告の場合は記録が残りやすいので問題ないですが、折り込みチラシについては、写しや配布記録を保存しておく必要があります。

　第3章、第4章の各論で触れますが、広告規程12条3項・4項は、広告の真実性について**立証責任を弁護士に課した**ものです。実績の表示については、嘘はもちろん、本当であると証明できないものを表示すると問題になるので、注意しましょう。

❷ よくある違反

（1）所属弁護士会の表示がない

　最多の違反です。法律事務所名の記載は必須ではありませんが、**所属弁護士会の表示は必須**（広告規程9条1項2号）です。

　法律事務所名は書かないでいいのに、所属弁護士会は必須というのは奇妙に感じるかもしれません。この趣旨は、「問題のある広告についての苦情や相談を弁護士会が受け付けやすいように」というものです。所属を書けばいいので簡単に対応できます。

　なお、弁護士広告を取り扱う（制作する）広告会社については、これを守っているかどうかが1つの健全性の目安になります。最近はさすがに減りましたが、少し前までは、これすら守れていない広告会社が散見されました。

　広告会社の選び方については第2章9（65頁）で解説しますが、依頼する広告会社を選ぶに当たり、これすら遵守できない、知らない業者は「論外」といえるでしょう。

（2）ステルス・マーケティング紛いである

　ステルス・マーケティングとは、正確な定義はありませんが、広告であることを秘して行う広告、金銭を払って自己について肯定的な評価をしてもらう、情報発信をしてもらう行為をいいます。要するに「**サクラ**」です。

　最近、特定の法律事務所の宣伝であるのにそれを明記せず、あるいはわかりにくくしつつ広告する弁護士広告が増えています。

　似たものでは、ウェブ上の無料診断サービスと書いてあったのに営業電話がきたというトラブルもあります。

　これらは第三者の意見のように装う、あるいは誤導するサクラ行為として、広告規程3条1号・2号・7号に違反する可能性があります。

（3）裁判を「（簡単な）手続き」などと表現し、容易に見せかける

　これも最近増えています。国や地方自治体を相手にする裁判で、実務上、帰趨がある程度決まっているものについて、「手続きすればお金が受け取れます」というように表示する手法です。広告規程3条1号・3号に違反する可能性があります。

　ただちに全て違反といえるかは疑問がないではありませんが、本来は裁判、つまり訴訟をしないといけないのに、**申請書を出せば自動的にお金がもらえるかのように表示**する行為は問題となり得ます。

　実際に、懲戒例（ただし、問題になったのはこの点だけではありません）もあります。また、こういった広告で受任しても、あとで「簡単な手続きだって言ったじゃないか」というようにトラブルになるのがオチです。ですから、相談へのハードルを下げようとするあまり、安易にこういう表示をするのは避けるべきです。

（4）被害者を直接勧誘する

　弁護士は、特定の事件の依頼を直接勧誘することはできません（広告規程6条本文）。いわゆるアンビュランス・チェイサー行為を規制する定めです。アンビュランス・チェイサーとは、救急車を追いかけ

る人という意味で、交通事故現場に駆けつけて救急車を追いかけ、被害者を直接勧誘する弁護士のことをいいます。特定の会社に対する賠償請求について郵便広告をする行為が典型です。

また、最近増えているのはSNSを利用したケースで、**SNSで、特定のトラブルについて述べている人に対して直接勧誘するという手法**です。例えば「サービス残業で大変」なんて投稿をしている人に、「弁護士の○○です。過去に遡って残業代を請求できるかもしれません。連絡ください」というように勧誘するケースがあります。

最近、ネット上の誹謗中傷が問題になっていますが、これについても直接勧誘があり得ます。例えば、中傷投稿を受けている人に「発信者情報開示請求（投稿者を特定する手続き）ができるかもしれません」等と勧誘すると、上記の規制に違反することになります。

ついつい、SNSを（特に広告目的で）使っていると、声をかけたくなってしまうかもしれませんが、違反のリスクがあるので注意しましょう。

（5）実績を不当に表示する

架空の実績を掲載すると虚偽広告として広告規程3条1号に反します。立証責任は弁護士にある（広告規程12条3項・4項）ので注意しましょう。

また、架空の事例であると明記していたとしても、架空の事例の件数が多い、**注意書きが事例の表示に比べて見にくい**等の事情があると誤導広告（広告規程3条2号）となる可能性もあります。

ほかに、例えば、刑事弁護の広告でしばしば見られるのですが、得られて当然の結果について**特別な成果のように装う**ことは、誤導（同条2号）、誇大（同条3号）広告となる可能性があります。

例えば、大麻所持や覚醒剤の単純所持の初犯事件において、「執行猶予判決を獲得！！」などと標榜する行為が問題になり得ます。

（6）「○○に強い弁護士」「○○専門弁護士」と表示する

　この記載そのものが直ちに違反になるわけではありません。

　もっとも、「○○に強い弁護士」と言った場合、ほかの弁護士より特定分野において優れているという趣旨になります。そうなると、これについて、そういう根拠がない・証明ができないのであれば（広告規程12条3項・4項）、事実に反する・誇大広告（広告規程3条1号・3号）として違反する可能性が生じます。

　現実問題として、「○○に強い弁護士」という表示は、主観的な評価も多分に含むので、これを違反と評価できるケースは少ないでしょう。ですが、新人弁護士などが取扱い実績がないにもかかわらず、こういう表示をすると問題になります。「特にその分野について顕著な実績や論文・専門書の執筆経験もないのに、ほかの弁護士よりはるかに優れているかのような表示をする」場合は違反リスクがあるということになります。

　「○○専門弁護士」という表示についても、同様の問題があります。加えて、広告指針第3の12では、専門表示は差し控えるべきとされています。ですから、本書では、基本的に**専門という表示そのものをお勧めしません**（代替案については、第2章16・88頁で触れます）。

ルールを守ることの重要性

❶ ルールを守らない場合のリスク

（1）規制違反の問題

　弁護士職務基本規程（以下、「基本規程」といいます）9条は、虚偽や誤導、そして品位を損なう広告をしてはならないと定め、広告規程はそれを具体化して比較的詳細に定めています。具体的には、広告規程3条各号が、許されない広告のカタログになっており、虚偽（1号）や誤導（2号）、誇大（3号）な広告が違反することになります。

　違反のリスクとして**懲戒処分**が挙げられます。長らく広告での懲戒問題はありませんでしたが、最近は懲戒例も出ており注意が必要です。

　また、懲戒請求がなくても、弁護士会への情報提供により広告についての調査（広告規程12条1項）を受けることがあります。これも負担ですので、疑義を持たれないような広告をすることは重要です。

（2）広告であることの特有の問題

　弁護士広告に関するルールを守ることが重要なのは、「規則は守るべき」という点だけではなく、違反をした場合「非難を浴びやすい」「弁護士会に情報提供されて調査の対象になり対応の必要が生じる」「懲戒請求も比較的されやすい」ということがあるからです。

　そもそも弁護士が、その職務について懲戒請求をされるとか責任追及を受けるには、懲戒請求をするとか弁護士会に何らかの情報提供をする人物が必須です。

　基本的に、弁護士にこれらの責任追及をする人は、相手方や依頼者、広げて考えても事件関係者くらいです。それ以外の人は、問題となる

事情を知らないので責任を追及しようがないからです。

　一方、弁護士広告においては事情が異なります。弁護士広告を見るのは、**潜在的な依頼者だけではありません**。特にインターネットによる広告であれば、誰でも簡単に閲覧することができます。

　ですから、依頼者でもなく相手方でもない、自分に何ら関係のない人から「これは問題ではないか」と弁護士会に情報提供がされる可能性も十分にあります。また、（請求者の個人情報が明らかになるのでそうそうないことですが）懲戒請求を受ける可能性もあります。

　通常の弁護士業務と異なり、弁護士広告は問題視する可能性のある人が依頼者や関係者に限られません。ですから、「**誰が問題視するかわからない**」ことを意識して文面などを考えることが必要です。

❷ 弁護士特有の炎上リスクも

（1）弁護士業務は炎上しやすい

　今日、弁護士業務の範囲は多岐にわたっています。ですが、その中核は紛争に関する代理業務です。

　紛争というのは非日常です。また、当事者は、本人に非があるかないかにかかわらず相当に困っていますし、感情的にもなっています。相当に困っているからこそ「弁護士が困っている人の窮地につけ込んでいるのではないか」と思われれば、容易に炎上の原因になります。

　また、感情的になっているからこそ、弁護士の業務についての発信を見て「納得いかない」「許せない」と思う人はいくらでもいます。ですから、弁護士業務に関する情報発信は、本質的に炎上しやすいものです。

　例えば、刑事弁護では典型ですが「重罪についても弁護をすれば軽い処分、あるいは処分なし（不起訴）で済む」という表現は、一般市民からすると違和感を覚えることも少なくありません。ただでさえ、重罪、特に性犯罪について弁護を担当する弁護士にいわれのない非難が寄せられることは珍しいことではありません。こういう社会の認識の中で、安易に「軽い処分で済む」というような表現は差し控えるべ

きでしょう。

　もっとも、そういう表現をしないと弁護士に依頼するメリットをアピールしにくいかもしれません。非難を避けるコツとしては、ある成果が市民の批判を浴びそうな場合は、その成果について**結論だけを端的に述べ、その後のことは述べない**ことが考えられます。例えば、「釈放されて遊びに行った」とかは書かないほうがよいでしょう。別に悪いことでもないですが、広告に書く必要はありませんし、「遊びに行った」などと書かなくても成果のアピールは充分に可能なはずです。

（2）弁護士は恨みを買っている

　次に留意してほしいのは、「弁護士は恨みを買っている」という点です。弁護士は紛争を取り扱うので、「恨みを買いやすいのは当たり前ではないか」と思われるかもしれません。

　しかし、弁護士として名前を出して情報発信をし、同じようなことをしている弁護士と情報交換をして痛感したことですが、弁護士が恨みを買っているのは事件関係者からだけではありません。弁護士一般について恨みを抱いている人、とにかく、「弁護士」という存在に危害を加えたいと考えている人も少なからずいます。

　その理由については、本書の主たるテーマから外れるので、深くは述べません。ただ、以前に依頼した弁護士、あるいは相手方代理人弁護士、関係のない弁護士（会）の活動から弁護士全体に対して強い不満や恨みを持ち、加害の機会を窺っている人もいます。

　弁護士広告は誰でも閲覧ができます。ですから、問題のある広告を発信した場合、攻撃の理由を与えることになり、弁護士会への苦情とか懲戒請求などの原因となりかねません。

　弁護士は、殊にインターネット上においては、容易に攻撃の標的にされやすいため、**弁護士広告の内容も含めて隙を見せてはいけない**ということは留意が必要です。これは、弁護士広告に限ったことではなく、インターネット上の情報発信においては、全く利害関係のない第三者から攻撃を受ける可能性について常に意識しておくべきです。

7

弁護士広告の「トラブル」

❶「相手方」も見ることを忘れない

（1）みんなが見る＝相手方も見る

　弁護士広告は広告ですから、誰でも自由に見られます。むしろ、多くの人に見てもらわないといけません。ですから、たくさんの人に見てもらえるように工夫を凝らすことになります。

　筆者の経験上、弁護士広告、つまり弁護士への相談・依頼を検討している人向けへの情報発信を見て、マスコミから取材が来たことが何度かあります。

　そして、誰にでも見られるということは広告を見る人の中には潜在的依頼者やマスコミだけではなくて、相手方も含まれます。

（2）相手方が見て手の内が知られることもある

　相手方が見るということは、こちらの手の内を知られる可能性があるということです。

　弁護士広告の内容を知られたからといって何が困るのか疑問に思われるかもしれません。

　典型的な知られて困るものは、「**訴訟にするかどうか**」です。特に賠償請求の分野で顕著ですが、「裁判外で請求をしているが、訴訟にするかどうかまで決断ができていない」「費用対効果から断念せざるを得ない」というケースはよくあります。そういう場合で、例えば弁護士広告において、裁判に忌避感のある依頼者を安心させるために「裁判をしなくても、任意に支払ってもらえることが通常です」というような記載があるのを見られると、**足下を見られて交渉で不利になるこ**

とがあり得ます。金額の見通しについても同様です。

これも筆者の経験ですが、インターネット上の中傷投稿について慰謝料を請求されている事案において、相手方は「投稿者を特定するのに使った弁護士費用全額」も合わせて請求をしてきました（一時期はこの支払いは認められていましたが、最近は認めないケースが大部分です）。そんな中、相手方代理人が、「投稿者の特定に使った弁護士費用は、認められないケースが多い」という情報を発信しているのを目にしました。

この事件では、双方に弁護士がついていましたし、そもそも発信者特定費用は争っていたので問題はありませんでした。しかし、被請求者に弁護士がついていなかったとすれば「発信者特定に使った弁護士費用は認められないケースが多い」という情報が渡り、**請求者側に不利になった可能性**もあります。

このことを意識しすぎると情報発信が難しくなってしまいますが、例えば具体的な金額の記載を避ける、大雑把な目安や注意書きを加える、両論併記などの工夫が考えられます。

（3）相手方が見るということは反感を買う可能性もある

これについては、刑事弁護の案件と示談において顕著です。

被害者がいる案件で示談をする場合、広告に「相場」を記載すると、その相場が安すぎれば**反感を買います**し、逆に高額であれば、その金額を出捐できない依頼者の場合は**示談の成立が困難**になります。

さらに、示談してしまえば不起訴になるというのは事実ですが、事例の表現で例えば「重罪を犯したのに、金で解決！」みたいな印象を与えることはないか、よく注意が必要です。

そういう印象を避けるための方法は一概に説明することは難しいですが、次のような工夫があり得ます。ここでは「示談で不起訴を狙う」という広告を例にします。

「○○罪では、示談をすれば、不起訴になるケースが多いです。罰金を払うよりは、前科もつかないでお得です。被害者も、起訴された

後だとお金が受け取れません。私たちは、示談交渉に強い弁護士です」

この広告は、「お得」という言葉を見た被害者の反感を買うことは容易に想定できます。また、「起訴後にお金が受け取れない」という表現も、被害者の感情を逆なでする可能性があります。

そこで、このように修正します。

「○○罪は、被害者の意思が重視され、示談ができれば不起訴になることが通常です。示談は、処分の軽減ということで被疑者にメリットがありますが、被害者からしても被害回復が受けられるというメリットがあります。私たちは、誠実に交渉をして円満な示談交渉を目指します」

そのほかのコツとしては、これはどの広告についてもいえますが、事務職員であるとか、家族とか、**弁護士ではない人に読んでもらって、**「相手方（被害者）だったらどう思う？」と聞いてみる方法もあります。意外と、書き手である弁護士には反感を買う原因がわからないことが多いからです。

また、弁護士費用を掲示していると、金銭請求を「する」側が見たとき、「弁護士にはそれだけお金が払えるのに、和解のために○○万円払えないとはどういうことだ」となりかねません。費用についてあやふやな表示をすると広告効果を減じることにもなりかねませんが、金銭請求をされる側、あるいは刑事弁護については、**弁護士費用をあまりはっきりと書かずに幅のある記載**にしておくことが得策です。

❷ 相談者・依頼者とのトラブルの原因にもなる

弁護士広告のトラブルは、違反をすることにより弁護士会の調査等を受ける、社会の批判を浴びるだけではありません。広告を見て、信じて来てくれた相談者・依頼者とのトラブルの原因にもなります。

弁護士広告は、潜在的依頼者にアピールするものですから、いきおい有利な結果・見通しを告げる内容になります。

そうすると、例えば「平均して○○万円の過払い金が生じるって聞いていたのに、そうではないじゃないか」というように受任後のトラ

ブルにつながることはあり得ることです。

　弁護士広告を実施していなくても、弁護士であれば経験があるだろうと思いますが、個人の依頼者は特に、弁護士から告げられた情報のうち**都合のよい部分ばかり拡大して理解してしまう**ことがあります。甚だしい場合だと、ほかの弁護士の広告を見て「ネットでこういうことが書いてあった！　やってほしい！」などと言われることがあります。

　さて、このようなトラブルを避けるコツですが、弁護士広告に記載した見通しはあくまで**一例であるということを強調**しておくことが重要です。

　もっとも、単に、「ケースバイケース」と記載するだけでは、いかにも投げやりで説得力に欠けますし、弁護士広告の効果を削ぐことにもなりかねません。そこで、「こういう考慮要素があるので、一概に決められませんよ」というように、ケースバイケースであることを理由付け、要素を示して説明します。

　例えば、不貞慰謝料であれば「慰謝料額は、不貞の回数や内容、そして配偶者や家庭への悪影響などの事情で変動します」というように**変動要素を列挙する**とわかりやすく、誠実な印象も与えるので考慮要素は積極的に書いていきましょう。

弁護士広告で「成功」すること の重要性

❶ 弁護士自身にとって重要

（1）業務を続けていくために

　トラブルや問題に触れてきましたが、ここで、弁護士広告のメリットをおさらいし、第2章以降の実践編へ入っていきましょう。

　身も蓋もない話ですが、弁護士として業務を続けていくためには、経済的な基盤が必要不可欠です。繰り返しになりますが、**売り上げが生活費と経費の合計額を上回らなければ**、弁護士業を続けていくことはできません。

　弁護士が業務を続けることは、依頼者にとってももちろん重要です。弁護士が経営破綻して廃業した場合、受任している事件も放置される結果になりかねません。そうすると多くの依頼者は「着手金は払ったけれども、事件は最後まで処理されない」「損害を被り、お金は戻ってこない」ことになります。

　弁護士広告で成功することは弁護士が業務を続けていくため、つまり、弁護士のみならず依頼者のためにも重要であるということです。

（2）研鑽を積むためにも重要

　弁護士広告で成功する、つまり依頼をたくさん得ることは、研鑽を積むためにも重要です。どんなに研修が充実していても、やはり実際に事件を処理することに勝る研鑽はありません。弁護士広告で成功して依頼をたくさん得ることは、**特定分野の事件について研鑽が積める**ということにほかなりません。

　弁護士広告は、高い売り上げだけではなく、高い品質を実現するた

めにも重要といえるのです。

❷ 社会にとっても重要

　弁護士広告は、社会にとっても重要です。

　弁護士が健全に業務を続けていくことは、一般市民が安心して依頼するために大事なことです。加えて、研鑽を積んだ弁護士に依頼することができれば、**よりよいサービスを受ける**ことができます。

　また、多数の事件を処理することで効率化（といっても、弁護士業務はオーダーメイドであり大量生産はできませんが）ができれば、安価にサービスを受けることができます。

　一方で、広告に失敗して無駄な広告費を投入している場合、依頼者は弁護士報酬を支払うつもりが、弁護士報酬に上乗せされた高額な広告費用の肩代わりをもすることになります。

　弁護士広告で成功することの重要性は、弁護士にとっては業務の継続性や研鑽という点にありますが、これは社会にとっても同様であるということです。

第2章

ネット広告の
始め方・作り方

まずはチャンネルを決めよう

❶ 最初にチャンネルを決める理由

ここでいうチャンネルとは、メディア、広告を載せる媒体、手段のことをいいます。

本書はネット広告をメインに扱いますが、解説する広告内容のコツはもちろん問い合わせ対応についても、いかなる媒体の広告においても応用がきくものです。

さて、弁護士広告のチャンネルを先に決めるのが重要な理由は、チャンネルによって表現が異なるからです。例えばビラであれば、1枚の紙の小さい**紙面の中で説明を尽くす**ことが重要になります。

ラジオであれば、言葉だけで説明するので、**体験談、ドラマ形式**が効果的でしょう。テレビであれば、**ビジュアルに訴える**ことが重要になります。

インターネットであれば、内容をわかりやすく詳細にする、分量については制限がないので、質を維持できる範囲で**とにかく増やす**ことがポイントです。

❷ インターネット広告とは何か

インターネット上の弁護士広告と一口に言っても、様々な種類があります。馴染みのない人もいると思いますので、いくつか分類して説明したいと思います。

インターネット広告は、文字通りインターネットをメディア・チャンネルとする広告です。インターネット広告はその表現手段、ルートにより次の3つに分類できます（これは正式な分類があるのではな

く、筆者の観点で分類したものです）。

（1）ウェブサイト

いわゆるホームページともいわれるメディアを利用する広告です。

弁護士広告においては、①**事務所公式サイト**、②**専門サイト**、③**ポータルサイト**に分類することができます。

①事務所公式サイトは、最も一般的な形式で、「○○法律事務所」と法律事務所の名称を冠したウェブサイトです。弁護士や取扱い業務の説明が記載されるのが一般的です。あまり弁護士広告に興味がない弁護士でも、名刺代わりや事務所へのアクセスの案内のために開設していることがあります。

②専門サイトは、本書第2章12（76頁）で説明している通り、特定分野に特化したサイトで、集客に有利です。

③ポータルサイトは、複数の法律事務所・弁護士の広告、さらにニュースや法律情報も掲載される総合的な情報提供ウェブサイトです。最も有名なのは弁護士ドットコム株式会社が運営する弁護士ドットコム（https://www.bengo4.com）でしょう。特定分野（例えば刑事弁護について）についてのポータルサイトも多数あります。既に実績のあるポータルサイトなら、その集客力を利用できるのがメリットですが、月額費用が高額なケースもあります。

（2）他サイトへの掲載広告

これは、他社が運営しているウェブサイトに掲載してもらう方式の広告です。広告にリンクが設定してあり、広告をクリックするとその弁護士のサイトに移動する仕組みになっています。

他サイトへの掲載広告は、さらに2つに分類できます。

1つは、検索エンジンへのキーワード広告です。これは検索エンジンで特定のキーワードで検索すると、優先的に広告枠に広告主のウェブサイトが表示されるというもので、読者の皆さんも馴染みがあると思います。細かく費用設定を調整できる（例えば1日1万円まで等）

のが魅力ですが、交通事故など人気のキーワードでは高額な広告費が必要です。

　もう1つのバナー広告は、第三者のウェブサイトに横長もしくは縦長の帯状に表示される広告を掲載するもので、条件などはウェブサイトにより異なります。

（3）ブログや SNS

　ブログや Facebook、Twitter 等の SNS を通じて、弁護士が自分自身や取扱い業務について発信する広告です。

　始めるのが簡単で、**費用も手間もかかりません**が、効果を上げるには継続的な更新や、有益な情報提供が必要であること、基本的に広告会社に依頼することは難しい（弁護士自身が発信することが前提であるため）ことが欠点です。

❸ 市民がよく知らない法的問題はテレビやラジオで

　本書ではインターネットによる広告を主に扱いますが、インターネット以外で広告をしたほうがいい分野も少なからずあります。

　インターネットのメディアとしての特徴は、受け手が主体的に探さないといけない、要するに、受け手からの要求を受けて初めて発信ができるメディアということです。

　ほかのメディアは、いずれも受け手が能動的に操作せずとも情報が発信され、受け取られます。例えば、「過払い金」について興味が全くなくても、過払い金のテレビ**CMが流れれば、それにより過払い金に関する情報を得られます。**

　逆にインターネットでは、興味を持って調べてもらわないと（リスティング広告とかバナー広告とかの例外はありますが）、目に触れることはありません。

　ですから、市民がよく知らない問題については、インターネット以外のチャンネルで広告をするべきということになります。

　「市民がその問題について認識しているかどうか」が、ネットかそ

れ以外かを検討する際の1つの目安になります。

❹ 市民が知っている問題はネット広告で

社会において問題と認識されていなくても紛争になっているもの、特に責任追及されている事案についてはインターネット広告が有効です。責任追及を受けると調べる動機が生じ、**解決のために積極的にインターネットで検索する**からです。

ですから、**借金問題**や**離婚問題**については、インターネット広告が有効です（ただし、借金問題については解決の動機付けの観点から、インターネット以外の広告も相当な効力があります）。また、**刑事事件**も、責任追及を受ける典型なので、同じくインターネット広告が威力を発揮します。

逆に薬害肝炎の案件では、関係者の積極的な広報が功を奏していますが、それでも社会の隅々にまで認知されているとまではいえません。こういう事案では、インターネット以外の広告が重要でしょう。

なお、これらは社会にどれだけその問題の情報が浸透するかで変化します。過払い金も残業代請求も、今や請求できるものだと一般に認知されていますが、過去にはそうではありませんでした。ですから、今の時点で社会に浸透しておらず検索してもらえなくても、コツコツと広告を積み重ねることで、将来的に相談に結びつくことはあります（筆者も経験があるので、次節で触れます）。

2 インターネット広告のススメ

❶ インターネット広告は努力に比例する

　本書がインターネット広告を主に扱うのは、もちろん筆者に経験がある（弁護士登録後、半年程度で独立して以来、継続的に実施しています）こともありますが、それ以上に重要性・メリットがあるからです。

　なぜ、弁護士広告をするのであればインターネットを第一候補にするべきなのか、それは努力に比例する広告だからです。

　「努力に比例する広告？　そんなのは当然だろう」「逆に努力に比例しない広告なんてあるのか？」と思われるかもしれません。

　確かにその通りです。ですが、あえてこの点を筆者が強調するのは、インターネット広告ほど、特に弁護士広告においては、努力に比例する手段はないからです。ここでいう努力には費用も含みます。インターネット広告は、もちろん投下費用に比例して配信数が増えていきます。

　しかし、配信数以上に内容や分量、更新頻度が重要です。詳細は本章の後半部分で解説しますが、**時間をかけること**、**工夫をすること**、**継続すること**のいずれも、インターネットの弁護士広告の効果を引き上げます。

　さらに、インターネット広告は多くの場合、時間が必要であっても多額の金銭をかける必要はありません。

❷ インターネット広告は資産になる

　インターネット広告は資産になります。

　どういうことかというと、作成するのにコスト（費用＋労力）がか

かりますが、一度作ってしまえばあまりコストをかけずに維持ができるということです。

　これも後に解説しますが、インターネット広告の**維持費は安いで**す。リスティング広告（検索結果で優先して広告枠に表示される形式の広告）などを実施しないで掲載を続けるだけであれば、維持費は月額1000円から数千円程度になります。

　つまり、努力をし続ければ広告の量はどんどん増え、その分**相談者の目に触れる可能性もどんどん増えていく**ことになります。

　ビラあるいはテレビ・ラジオといった媒体による広告の場合、発信を継続する期間に応じて相当な費用が必要です。ですが、インターネット広告は、一度頑張って作ってしまえば、ほとんど費用を使わずにその効果を維持することができます。作った分だけ、自分の財産になるといえます。

　さて、ネット上の表現トラブルについては、投稿された「被害者」の案件が取り扱われるのが通常ですが、筆者はかなり昔に、投稿をした側の立場での弁護方針などをネットで解説していました。

　すると、大分経ってから、多数の相談や依頼が寄せられました。これにより非常にたくさんの経験を積むことができたので、そのあたりのノウハウをまとめた専門書の出版にまでつながりました。

　「今は話題にならなくても、そのうち話題になるかもしれない」、そういう視点で積み重ねることもできるのが、インターネット広告の大きな特長です。

業者に頼むか、自作するかを決めよう

❶ 業者に頼むのが一般的である

（1）弁護士はとにかく文章作成に力を注ぐこと

　通常、広告の実施はインターネット広告に限らず、弁護士自身が行うのではなく外部の広告会社に依頼をすることになります。「餅は餅屋」ということです。

　もっとも、業者に依頼をし「お金だけ出せばいい」という訳ではありません。弁護士紹介、業務紹介、自分のポリシー、事件処理の流れ、案内をしておくべきこと（法制度とか一般的な見通しとか）などなど、コンテンツのうち文章部分の作成は弁護士がやらないといけません。先程、「餅は餅屋」といいましたが、このあたりは、まさに**弁護士業務に直結する**ので、弁護士が書くべきです。

　なお、これらをある程度代筆してくれる広告会社もありますが、弁護士業務について弁護士並みの広告文が作れるかというと、現実的に考えて難しいでしょう。また、広告会社が、**広告効果を狙って不安を煽ったり誇大広告をしたりする可能性**があります。

　実際、表現ぶりに問題のある弁護士広告について、「業者が勝手に書いていて、弁護士本人はそんな広告になっていることを知らなかった」というケースはいくらでも目にしたことがあります。甚だしいものになると、広告会社が刑事弁護について古い国選弁護の情報をもとに「被疑者に国選弁護人はつきません（だから、我々に依頼することが大事です）」などと書いたものもあります。

　もちろん、弁護士が名前を出している以上は「広告会社が勝手にやったことです」と責任を免れることはできません。広告会社に任せっき

りにすると、こういうトラブルになることもあります。

　また、第1章7節（33頁）でも触れましたが、誇大広告は受任後のトラブルを誘発するリスクがあります。少し言いすぎかもしれませんが、広告会社は「受任した後のことなんか知らない」のです。広告会社としては、少しでも相談や受任に繋がればよく、弁護士のようにするべきではない受任、あるいは、不正確な見通しを告げてしまう受任を回避するインセンティブがありません。

　ですから、弁護士がちゃんと見ていないと誇大広告をされ、（広告規程の問題を生じないとしても）それを見た相談者や依頼者が過度な期待を抱くことになりかねません。そして、受任しても、結局は広告を見て期待したような結果は得られずトラブルになります。

　本書は、「広告は受任できればいいというものではないし、受任できたとしても受任後のトラブルの原因になりかねないところもある」というスタンスで解説していきます。

（2）文章作成以外は業者に依頼できる

　それでは、業者に頼めることには何があるのでしょうか。

　基本的に、**文章を作る以外**は全て業者に頼めます。ウェブサイトを運用するには、ドメイン（○○○ .com といったものです）の取得、ウェブサイトを配信するサーバーのレンタル、設定、配信するコンテンツの作成、コンテンツをサーバーに入力して公開という作業が必要になります（細かく分けるときりがないので、概ねこのような感じです）。

　弁護士としては、予算・ドメイン名・テーマ・ページ数・デザイン、また、文章だけでは味気ないのでイラストとか写真とかをどうするかを決めて指示をすることになります。事務所や弁護士の写真についてはこちらで用意する必要がありますが、スマートフォンで撮影してもいいし、プロのカメラマンに頼んでもいいでしょう（プロに頼むと、レタッチもしてくれてかなり綺麗な写真になるのでお勧めです）。

　要するに業者に頼んでしまえば、弁護士としては、**一番大変な文章作成以外はメニューから選んでいく**感じになります。

弁護士には本業がありますし、そもそも、弁護士広告で一番大変で大事なのは文章作成です（本章6節・57頁参照）。ですから、それ以外の部分は、可能であれば業者に丸投げしてしまいましょう。費用についても概ね30万円程度で1サイトまるごと作ることができます。

　また、特に弁護士広告に慣れている広告会社であれば、分野の選定とか費用の説明とかの助言を得られることもあります。特定地域や分野の動向についても、レッドオーシャン（供給者が多くて競争が非常に激しい）であるとか、需要の多寡を知っているかもしれません。そういう点からも、士業向けを謳っている広告会社を利用するのはお勧めです（もっとも注意点もあります。本章10節・70頁参照）。

　予算の内実については本章8節（63頁）、選び方のコツは9節（65頁）、注意点（悪質な業者の見分け方）については10節（70頁）で、それぞれ詳しく解説します。

　まとめると、「特別な事情がない限り、広告制作・実施は業者に依頼する（ただし文章は全て自分で作る）」という方法がいいでしょう。

❷ 自分で広告を作る方法

（1）広告は自分でも作れる

　ウェブサイト制作に関するソフトウェアやサービスは、近年、飛躍的に充実しています。ですから、少し勉強すれば、自分でもインターネット広告を作成することは可能です。実費は必要になりますが、制作依頼費からすれば微々たるものです。

　CMS（Contents Management System）を用いれば、学習の必要はありますが、制作も更新も手軽にできるようになります。CMSとは、大雑把に言うと、ウェブサイト上（インターネット上）で動作するウェブサイトの制作ソフトのようなものです。イメージとしては、ブログのようにブラウザの画面上から投稿ができるだけでなくデザインもできるシステムです。WordPressがその代表です。

（2）費用を節約でき、ウェブ制作の事件対応に強くなる

　一番のメリットはやはり「費用を大幅に節約できる」ことでしょう。

　CMSなどで検索すれば、インターネット上にいくらでも情報はあります。また、入門書籍も多数あります。さらに、CMSは、基本的には自分でサーバーをレンタル・インストールして準備しなければなりませんが、この段階までを自動化しているサービスもあります。こういったサービスを使えば、実費や資料の費用を含めても**1万円くらいの費用**で作ることができます。もちろん、学習する時間、試行錯誤する時間がたくさんかかるので、結局は「高くつく」ことになりかねません。ですが、とにかく資金がかからないというのは、即時独立、早期独立のケースでは大きなメリットになると思われます。

　また、副次的なメリットとして、「**ウェブサイトの制作に関する知見が入手できる**」というものがあります。近年非常に増えているウェブサイトの制作をめぐるトラブルにも対応しやすくなります。

　なお、集客の観点から専門サイトを制作するのが有益です（本章12節・76頁参照）。1つサイトを作ると、2つ目以降は非常にスムーズに制作でき、費用も時間もあまりかけないで済みます。

　「お金がかからない」「ウェブサイトの制作に関する知見を得られ、ウェブサイト制作トラブルの法律事件の取扱いや2つ目以降のウェブサイト制作に役立つ」、いずれも資金は十分でなくとも時間に余裕のある独立の初期段階においては、無視できないメリットです。

　このあたりは、パソコンに慣れているとか、スキルの1つとして身につけたいとか、あるいは、その種の（ウェブサイト制作関係の）トラブルを扱いたいとか、それらの希望がどれくらい強いかで判断するといいでしょう。

　繰り返しになりますが、費用は大してかかりません。ですから、ひとまずやってみてうまくいかなければ、業者に依頼するといいと思います。また、最初は自作して、事件数が増えてきて時間にゆとりがなくなったら業者依頼に切り替えることもあり得ます。その場合も、もちろん途中までやって身につけたスキルは無駄にはなりません。

SNS で弁護士広告をやってみる

❶ SNS をやる弁護士の目的

　最近、SNS をやる弁護士が増えています。目的はいろいろですが、集客（広告）がメインの目的になっていることは稀です。基本的に、同業者を含むいろんな人と交流や情報交換をしたいというのがメインで、集客効果は副次的なものとして期待されているに過ぎません（SNSにはいろいろな効果があり、筆者も依頼や顧問契約に結びついたことはしばしばあります。また、SNS がきっかけで結婚した弁護士もいました）。

　SNS には、いろいろなものがあります。これは筆者の主観ですが、知らない人とつながりたい、**広告効果を少しでも得たいのであれば**Twitter が始めやすく、効果も出やすいと思います。一方、名刺交換をした人とか SNS 外でのつながりを継続・強化して相談や依頼に繋げたいのであれば Facebook が向いていると思います。

❷ お金をかけずに、すぐに始められる

　一番のメリットは「時間もお金もかけずに始められる」ことです。

　ウェブサイトであれば、トップページやコンテンツを作り、事務所紹介や弁護士紹介、取扱い業務も書いて、やっとスタートラインです。人目を引くためには、自分の実績や経験の中で顕著なものを見つけて紹介するところまでやらないといけません。

　しかし、例えば Twitter であれば、名前を入れて、簡単な自己紹介（そもそもスペース的に簡単なものしか入りません）を付ければ、すぐに始めることができます。ブログならタイトルをつけてプロフィールを

記載すれば、あとは好きな記事を投稿するだけです。Twitter もブログも、ネットで検索すれば始め方は簡単に調べられます。

　実名で弁護士と名乗って SNS をやると、良くも悪くも注目を集めやすいです。定期的に更新すれば、**ある程度の発信力はすぐに手に入れることができるでしょう。**

　また、ウェブサイトで弁護士広告をしている場合、成果として手に入るのは、基本的には問い合わせ・相談・依頼です。詳しい解説を掲載していると取材が来たりすることもありますが、稀です。

　ですが、SNS は、集客や情報収集に繋がる、同業の知り合いが増える以外にも思わぬ効果が生じることがあります。例えば、SNS がきっかけで結婚して人生が変わったり、知り合いが増えたり、面白い事件に誘われたりといった、なかなかない経験に繋がることがあるのです。これが SNS の醍醐味です。

　筆者の経験で、Twitter で呟いたところ数万人からリツイート（同じ内容をつぶやいて自分のフォロワーに拡散する行為）され、その後「ツイートを見ました。これをテーマに本を出しませんか？」と出版社から声がかかって出版にこぎ着けた、なんてこともありました。

❸ SNS の注意点

（1）SNS でもトラブルに注意

　SNS を弁護士広告目的で利用するのであれば、当たり前ですが、実名で参加することになります。匿名であれば、相談者はあなたに連絡を取ることはできず、広告にならないからです。また、そもそも弁護士広告は匿名で行うことができません。広告規程 9 条 1 項 1 号は、弁護士の氏名を表示する義務を定めているからです。稀に、弁護士会の表示だけをして、匿名で依頼を募集しているケースを目にしますが、これは弁護士会＋弁護士の氏名の表示を義務づける広告規程に違反することになります（もちろん広告目的でなければ、氏名も弁護士会名も付けずに自由に SNS を利用して何も問題ありません）。

　さて、SNS は弁護士にとってトラブルになるリスク、もっと言え

ば（不当）**懲戒請求**を受けるとか、**炎上**するリスクもあることを知っておきましょう。弁護士はトラブル、紛争を取り扱っていることが原因で(逆)恨みを買いやすいです。特に気をつけないといけないのは、「弁護士という職業そのものを恨んでいる人々」がそれなりにいることです。彼らは「とにかく弁護士に損害を」とか「少しでも嫌な思いをさせたい」と考え、弁護士に対して中傷投稿をすることもあります。

　インターネットで弁護士と名乗ると、一度も会ったこともない人から無条件で憎悪を向けられることもあることは覚えておきましょう。

（2）匿名から「入門」するのもあり

　弁護士として実名でSNSをやるにはそれなりに慣れが必要です。どこに炎上の火種があるかわからないからです。そこで、SNSの空気感を知るために匿名から始めることをお勧めします。

　なお、もちろん匿名であっても誹謗中傷や攻撃的な言動は控えるべきです。匿名でも、**実名のつもりで慎重に行動しましょう**。

　匿名で活動していても、交友関係が広がったり実際に会ったりすると、多くの人に実名が知られます。また、匿名アカウントから実名アカウントに切り替えた後も過去はついてまわり、「今は当たり障りのないことを実名で述べているが、以前は、匿名で暴言を吐いていた」などとという評価を受けてしまうこともあります。

　匿名でも実名のつもりで、節度を持って振る舞いましょう。

（3）応答する義務が（原則として）ないことを忘れずに

　SNSをやっていると、攻撃的な言葉を投げかけられることがあります。この場合、そもそも相手方は議論をする気がないことがほとんどで、「単に挑発したい」「挑発に乗って口を滑らせるのを待っている」「不愉快にさせることができれば勝ちと思っている」だけです。

　応答しても解決に繋がるどころかむしろ、トラブルに巻き込まれかねません。応答する義務はなく、応答した場合には責任が生じる場合もあるということは、よく覚えておきましょう。

なお、弁護士には、依頼を受けた場合の**諾否の応答義務**があります。基本規程 34 条で「弁護士は、事件の依頼があったときは、速やかに、その諾否を依頼者に通知しなければならない」とされています。

　具体的な事件を示して「代理人になってほしい」という依頼であれば、SNS 上であっても、同条に基づき諾否の応答義務があるといえます。一方、単なる質問はこれに該当しないといえます。同条の趣旨は「依頼者が他の弁護士に依頼する等の機会を奪わないようにしなければならない」（『解説　弁護士職務基本規程　第 3 版』日本弁護士連合会倫理委員会編著、2017 年、115 頁）点にあるからです。質問に答えないことで、依頼する権利が害されることはありません。

　ただ、法律相談の申し入れについては事件依頼に該当する可能性があるため、一言でもいいので、断りの返事をしておくべきです。

　名乗りもせずに一方的に「ただで相談に乗ってくれ」という話もたびたびあります。この対応に時間を使うのは無駄ですから、プロフィール欄に「SNS 上では法律相談はしていない」ことを明記し、問い合わせや依頼については、メールや電話など、SNS とは独立したチャンネルを指定しておくことが適切です。

❹ まとめ

・既存のつながりを拡大強化するなら Facebook、新しい繋がりを開拓するなら Twitter がおすすめ。
・SNS は、時間もお金もかけずに、すぐに始められるメリットがある。
・弁護士というだけで攻撃をしてくる人も少なくない。
・空気感をつかむために匿名から始めるのもあり。ただし実名のつもりで品位のある行動をとる。
・暴言を吐かれたり、嫌がらせを受けても、返事をする義務はないことを忘れない。
・依頼連絡については、職務基本規程 34 条に要注意。

5 検索順位の秘密と引き上げのコツ

❶ 検索順位について

（1）検索順位とは何か

　ここでいう検索順位とは、「**ネットで検索した場合に、その検索結果の何番目に表示されるか**」を指します。

　一番上に表示される場合、検索順位は１位です。また、検索結果は複数ページに分かれて表示されるので、順位を１ページ目、２ページ目ともいいます。通常、検索者が２ページ目以降を閲覧することはさほど多くないので、１ページ目に表示されることが大事であるということになります。

（2）検索順位が大事な理由

　検索順位が大事な理由は、作成したネット広告へのアクセス（検索の結果からアクセスしてもらえるので〔アクセス〕流入などということがあります）に直結するからです。

　特定のテーマのウェブサイトを閲覧しようとする場合、大体、検索エンジンにキーワードを入力して検索をします。何か商品やサービスを探すときは、例えば「ウイスキー　通販」などと検索します。

　これは、弁護士業務（サービス）においても全く同じです。そして、弁護士業においては、**ほかの業種と比べて検索で探される割合が顕著に高い**です。というのも、通常、ほとんどの相談者は初めて弁護士を利用するからです。弁護士の知り合いがいるというケースは、非常に稀でしょう。そのような相談者が弁護士を探すとなると、やはりインターネット検索に頼らざるを得ません。

そのため、検索順位が高ければ高いほど、検索した人にアクセスしてもらいやすい、つまり、上位の検索順位を保持することは、たくさんのアクセス、そして問い合わせや相談・受任に繋がると考えられています。

❷ 検索順位はあまり重要ではないことも

（1）「SEOは大事」という言説は正しいか？

業者にウェブサイト制作を依頼すると、SEO（Search Engine Optimization：検索エンジン最適化）対策として、検索順位を上げるための様々な工夫を勧められることがあります。根拠としては、ほとんどの閲覧者は検索結果の1番目しか閲覧しない、ましてや、2ページ目以降については、滅多に見てもらえないというものです。

例えば、あなたが検索をして調べ物をするとき、2・3ページ目まで詳しく見るでしょうか。ほとんどの場合、1ページ目、それも検索順位が上位の結果だけを見ているかと思います。

そういうわけで、「SEOは重要だ」「2ページ目以降の表示ではほとんど意味がない」という説は、一見、正しいようにも思えます。

（2）SEOと弁護士広告の実際

実はこのSEO、あまり重要でないことも多いです。

私たちは、検索をして何かを調べたり、商品やサービスを探したりするとき、上の順位のものしか見ないことが通常です。上位のものはそれなりに有益なことが多いからです。これは、検索エンジンがそうなるように工夫していることによります。

ですが、わずかな例外があります。それは、重要なもの、高価なもの等、**人生において滅多にないケースについて調べる場合**です。車を購入する、不動産を買う、もしくは大病に際して病院を選ぶようなとき、検索結果の一番上から1つ2つを見るだけで決断しないと思います。**人生の一大事の場合は、何件も、何ページも、よくよく調べることが通常のはずです。**

私たちが不動産を買うようなときと同じく、相談者にとって弁護士選びは重大事ですから、よく検索して比較検討することが通常です。

　筆者は、どうやって自分を知ったのか（特に独立当初は）依頼者に詳しく尋ねたことがありました。もちろん、検索結果の上位に出てきたからと来た人もいます。ですが、それ以上に、何ページも、何件も、時には10件以上の弁護士のウェブサイトを閲覧・比較検討して選んで、相談を申し込んだという人が多数いました。なお、その上で、筆者を相談先として選んだポイントとしては、**ウェブサイトのわかりやすさ、詳しさ**を挙げる人が多くいました。

　また、ウェブサイトにはアクセス解析という、どういうキーワードで検索してきたのか、検索結果で何番目に表示されてアクセスされたのかというデータを取得する手法があります。それによると、検索結果の2ページ目、3ページ目、あるいは5ページ目からのアクセスも少なくありませんでした。

　以上をまとめると、検索順位は確かに重要ですが決定的ではなく、それよりもウェブサイトの詳しさ、わかりやすさが重要であるといえます。加えて、検索順位は、ウェブサイトの詳しさで上下します。検索エンジンに**有益なページと思ってもらえれば、順位は上昇する**のです。ですから、検索順位を上げることを直接の目的にして、業者に高額な資金を投じるよりは、まずは、詳しくわかりやすい文面を作成することにコストをかけるべきだといえます。

　また、SEO対策というのは、非常にトラブルの多い分野です。検索エンジンは、こういう（リンクを多数ねつ造するなど問題のある手法等の）対策をあまりよく思っていない節もあります。ですから、検索エンジンのルール変更で数百万円を費やしたSEO対策が水泡に帰す、それどころか逆効果になることもよくあることです。

　筆者も弁護士として、SEO対策を巡る法的トラブルを扱ったことが何度もあります。SEO業者からすると、SEO対策を依頼してもらうために、とにかくSEO対策（検索順位）が何よりも重要であると述べるインセンティブがあります。もちろん、SEO対策がなんら重

要ではないと言うつもりはありません。ですが、以上のような背景があるわけですから、話半分に聞いておくことでしょう。

❸ 検索順位を引き上げるコツ

そうはいっても、検索順位に一定の重要性があることは否めません。

そこで、弁護士が自分で、特に文書作成においてできる検索順位を引き上げるコツを、いくつか説明します。

（1）市民の日常用語に置き換える

まずは、わかりやすいキーワードを選ぶ（専門用語だけではなく日常用語も併記する）という点です。例えば、海外の配偶者が関係する離婚事件を渉外離婚といいますが、**「渉外離婚」で検索する市民はいない**でしょう。ですから、こういうケースでは「国際離婚」という市民の日常用語にキーワードを置き換えるべきです。

ほかにも「任意整理」は「借金問題の解決」に、筆者がよく取り扱っているネット分野でいえば「送信防止措置請求」は「削除請求」に、「発信者情報開示請求」は「投稿者の特定」にするなどです。

専門用語で検索する人より日常用語で検索する利用者のほうが圧倒的に多いので、とにかく日常用語を使うことを心がけるべきです。

（2）なるべく小見出しをつける

次に、項目分けを心がけることです。これは訴状や準備書面の記載の工夫と同じです。検索エンジンは、見出し・項目の文字列を認識して検索結果に反映させます。ですから、なるべく小見出しをつけ「弁護士に依頼することで借金問題の解決ができます」「借金問題の解決方法」「任意整理とは何か」「任意整理のメリットとデメリット」「ブラックリストとは何か」というように**目を引くキーワードを盛り込み、かつ、見出しが本文の要約となるように心がけること**が大事です。

（3）専門サイトを作る

そして、専門化することも大事です。これは、ウェブサイトとウェブページの両方で専門化するということです。詳細は本章12節（76頁）で触れますが、事務所ウェブサイトに総花的に債務整理、家事事件、刑事弁護などと並べることはあまり効果的ではありません。事務所のウェブサイトは別個独立して、**取扱い業務ごとに専門サイト**を立ち上げることが、検索順位のみならずわかりやすさの観点からも有効です。

ウェブページの専門化にあたっては、債務整理であれば同じページに破産と任意整理を並べるのではなく、それぞれ別のページを作ることが望ましいです。

法律文書の起案の際、構造化を心がけ項目を分けるのがコツですが、ウェブサイトについても同じようなことがいえます。

（4）キーワードは文字化する

最後に、なるべく画像ではなく文字で表現をすることを心がけます。

検索エンジンは基本的に**画像上の文字は読めない**ので、検索結果やその順位に反映されることはありません。

画像化することでいろいろとデザインの工夫はできますが、検索結果の観点からはデメリットがあるので極力文字化することが大事です。

弁護士のウェブサイトは、まだまだ専門特化していないものも多いです。地域限定で考えれば、以上の工夫をすれば**検索順位1位も十分狙っていくことができます**。筆者も、これらの工夫でいくつかのネットトラブル関係のキーワードで、検索順位1位になることがしばしばありました。

また、これらの工夫は、単に検索順位を引き上げるだけではなくわかりやすさにもつながります。

検索順位の向上そのものを狙うのではなく、(1)〜(4)を考慮しながらわかりやすさに意を払えば、自然と検索順位は上がります。

依頼者は費用より弁護士紹介を見ている

❶ 業務内容の次に「弁護士紹介」が気にされる

弁護士広告に訪れた人は、検索からであれば最初に業務案内、つまり、債務整理であるとか刑事弁護であるとか、その弁護士が提供する業務メニューをまず閲覧します。

では、その次に見るのはどこでしょうか。やはり、弁護士費用の部分でしょうか。

これも筆者がアクセス解析で調べたことですが、意外にも、弁護士費用よりも**弁護士紹介のページを入念に見る傾向**があります。

弁護士紹介の具体的な書き方については、本章7節（60頁）で触れます。

❷「弁護士紹介」が気にされる理由

弁護士紹介が重視される理由は何でしょうか。

弁護士の数が増えたこと、広告が解禁されたこと、各弁護士が親しみやすさ、相談と依頼のしやすさのアピールに余念がないこと、行政や弁護士会での相談会も頻繁に行われていることで、弁護士へのアクセスは容易になりました。

しかし、そういった事情があっても、市民にとって弁護士に相談・依頼をすることは、想像以上にハードルが高いものです。

費用の問題もそうですが、一般市民が弁護士に相談をする、依頼をするときは、通常、紛争に巻き込まれている状態です。自分が紛争の渦中にあるということ自体、他人に話したくありません。また、その内容を相談する過程で、秘密にしておきたいようなことも話す必要が

あります。

　もちろん、弁護士には守秘義務がありますから、弁護士に話したところで、第三者に漏れることはありません。ですが、相談者は、第三者への漏洩を心配しているのではなく、ほかならぬ他人である**弁護士に自分の秘密を話すことに抵抗**を感じているのです。

　筆者の経験上も、ネット上で問い合わせを受け付ける、電話での相談に応じるというケースでは、名前すら名乗りたがらない人に遭遇することがあります。甚だしい場合は、偽名を使って相談しようとした人とか、あるいは「これは、友達の話なんですが」と言いつつ自分のことを相談する（相談途中で主語が自分に入れ替わるので、なんとなくわかります）とか、そういうバリエーションもあります。

　ここでの問題は、「第三者に知られるかどうか」を心配しているのではなく、そもそも「弁護士という他人に秘密を話すことに抵抗のある人がいる」ことです。

　秘密のほかにも、こんなことを相談してもいいのか、怒られないか（！）、そもそも弁護士が対応できる問題ではなかったらどうしようとか、不安の枚挙に暇がありません。

　そういうことで、市民は意外に「自分の秘密を話しても大丈夫なのか」「そもそも怖くない（！）のか」を気にしています。

❸ 弁護士費用は意外と気にされない

　一方で、弁護士費用は意外と気にされてはいません。

　そう言われると、「そんなことない。費用については相談時にもよく聞かれるし、心配される」「市民へのアンケート調査でも、弁護士費用は心配事のトップに来るではないか」などと思われるかもしれません。

　しかし、ここでのポイントは、「市民は弁護士費用の負担を気にしているが、**弁護士選びの決め手にはあまりせず、かつ、ウェブサイト上でも気にしない**」という点です。たしかに、市民は弁護士費用を気にします。ただ、問い合わせや依頼をするかの決定に影響を与えるか

は別の問題です。

　まず、そもそもの問題として、ウェブサイトの弁護士費用の案内で「費用を正確に把握することはできない」という前提があります。どういうことかというと、債権回収、労働事件といった同じ種類の事件であっても、難易度がそれぞれ違います。ですから、弁護士としても、ウェブサイト上で最初から費用を決め打ちすることができずに、「10万円〜」などと幅のある表示にせざるを得ないという問題があります。

　そうすると、「5万円〜」や「10万円〜」と書いてあっても、実際には「5万円〜」のほうが高くなることもあります。要するに、厳密な意味での価格比較ができないため、結果的に弁護士費用はさほど気にされないという実情があります。

　また、実際問題として、事件の種類にもよりますが、市民が弁護士に依頼するときは、人生の一大事です。ですから、「1円でも安い方を」と希望する相談者は非常に珍しいというのが筆者の実感です。

　筆者の感覚としては、より安くにこだわるのは個人ではなく企業の方であると感じています。

弁護士紹介の書き方

❶ 弁護士費用より大事なポイント

　弁護士紹介が、弁護士費用よりも気にされる理由については、6節で触れた通りです。

　弁護士紹介まで見るということは、少なくとも取扱い業務に関する説明を読んだ後、あなたへの相談や依頼について興味を持っている段階であるということです。ここで取りこぼしてしまう、つまり、弁護士紹介を見て、問い合わせを躊躇されてしまってはもったいないです。

　そこで、ここでは弁護士紹介の工夫について解説します。

❷「不安解消」を第一に

　不安解消こそが弁護士紹介の一番の目的です。6節で触れましたが、弁護士に相談するのが初めてであると、弁護士に不安や恐怖を抱いている可能性があります。そこで、趣味であるとか好物を書いて、「色物」と思われない程度に**親しみやすさをアピール**しましょう。

　写真を掲載することも効果的です。面談する前に、どういう人かがわかると不安の解消につながります。

　業務のやり方やポリシーを述べることもいいのですが、あまり詳細に述べたり、強い決意を述べたりすると**相談者に警戒されてしまう**傾向があります。これは相談者から聞いた話なのですが、ウェブサイトに確固たる決意とか熱血的なことが書いてあると、頼もしいと感じる一方で、「ちょっと怖い」「相談したら必ず依頼しないといけないのか」などとも思ってしまうそうです。

　なお、高葛藤事件においては、強い決意やポリシーを記載すること

は逆に有効です。このような事件の相談者は、自分の強い気持ちを十分受け止めてくれる弁護士を探す傾向があるからです。もっとも、気をつけないと依頼者の期待値が上がりすぎてしまい、「絶対に諦めない、熱血債権回収っていいましたよね？ だったら、債務者の自宅にアポなし訪問してください！ 会社に押しかけてください！」などと希望されてトラブルの原因になります。記載するにしてもほどほどにしておきましょう。

❸ 客観的な実績を示す

不安解消には、客観的な実績の記載も有効です。

筆者の経験でも、「弁護士紹介の欄の客観的な実績（著作であるとか解説記事とか）を読んで信用できると思って問い合わせを決断した」という話はたびたび聞きました。なんで実績があると安心するのかというと、弁護士広告の現状が影響しています。

弁護士広告においては、「○○に強い弁護士」という表現が氾濫しています。この表現自体は広告規程に違反するものではありませんし、非難されるべきものでもありません。広告である以上は、自分の優位性をアピールするのも当然のことです。ですが、どの弁護士も強いと連呼しているように見えるとなると、本当に「強い」のはどの弁護士かわかりません。これは、相談者にとって非常に不安なことです。

こういう状況下では、「強い」という、弁護士の主観的な「自称」ではなく客観的な実績（事件や、著作、役職等）があれば、相談者としても安心して評価できます。

実績とか肩書きというと、ほかの弁護士より優位性をアピールする効果がメインであるように思えますが、現在の弁護士広告の実情からすると、**「ああ、自称『強い』ではないんだな」**と相談者に安心感を与えるアピールのほうが効果が高いといえます。

なお、事件解決の実績については、もちろんプライバシーに配慮することが必要です。また、架空事例を実績であるかのように誤解させると、誤導広告（広告規程３条２号）となるおそれがあります。

さらに、勝訴率の記載も禁じられている（広告規程4条1号）ので、注意が必要です。なお、禁じられているのは「勝訴率」ですので、誤導などにならない限り、その事件について大体の傾向を述べることは問題ありません。例えば、過払い事件や薬害事件はそれなりに傾向や結論が予想しやすいこともあり、その場合に傾向を述べることには問題ありません。

❹ 効果的なフレーズ

　これは分野や、究極的には弁護士と依頼者との相性の問題ですが、筆者の経験上、相談者に好評なフレーズというのはいくつかあります。

　例えば、「**一緒に頑張りましょう（戦いましょう）**」というフレーズは、評判がいいです。相談者は「自分の味方になってくれるか」とか「そもそも、自分を弁護してくれるのか」という不安が強いからです。

　弁護士は意外に思うかもしれませんが、「自分を弁護してくれる弁護士はいるのか？」という不安を抱いている人は少なくありません。問い合わせ時に「こんな相談で申し訳ありません」と言われることも珍しくありません。

　ほかに「**ご相談は、早ければ早いほど良いです**」「**相談をしても依頼をする必要はありません**」というのも、依頼者は気にしているので効果的なフレーズです。

　また、実績を示す際に、そのような**実績を積むに至った経緯やきっかけ**があると好印象です。具体的には、「そもそも、私がこの分野を扱うようになったのは、最初に受けた法律相談が…だったからです」とか「大学生の頃…という経験をしたことがきっかけです」というようなものが考えられます。

　相談者は、実は孤独です。弁護士に相談を検討するようなトラブルは滅多に経験するものではなく、それを、家族などに伝えることも難しいことが少なくありません。

　弁護士にも似たような経験があるとか、弁護士が自分に共感できる根拠があると、相談者は安心できます。

8

結局予算はどれくらい？

❶ ネット広告の予算はあってないようなもの

筆者は、弁護士広告を始めようとする人から相談を受けることがたびたびあります。そこで必ず出てくるのが、「それで、弁護士広告には、いくらくらいかかるの？」という質問です。

これについては本章３節（46頁）でも触れていますが、業者に依頼すれば30万円程度から、自分でやれば１万円程度から始めることができます。

もちろん、ビラ配布、看板、ラジオ、テレビＣＭは、もっと費用がかかりますが、インターネットを利用した弁護士広告は、下限だけ見れば、相当安い金額で始めることができます。

そういうことで、この問いには「**むしろ、弁護士広告にいくら使いたいのか**」と聞き返すことになります。

❷ 弁護士広告にどれくらいの費用を費やすべきか

弁護士がネット広告にどれくらいの費用を費やすべきかは、業務の範囲にもよります。

例えば債務整理であるとか交通事故であるとか、広告競争の激しい分野であれば高額になるでしょうし、逆に、事務所所在地の事件だけを集めるのであれば、さほど高額にならないでしょう。

これは、弁護士自身のライフスタイルとか、事務所の経営方針にも影響するので、ここでいくらにするのが正しいのか明らかにすることはできません。

ただ、一般的な話として、事業において広告費は売り上げの５％～

15%程度ということが多いようです。弁護士業務が労働集約産業であるということ、受任には限度があることを強調すれば、**5％程度に抑えるべきともいえます。**

　もっとも、弁護士業は製造原価のないサービス業であること、そして、弁護士は直接依頼者に接触して営業ができない（広告規程5条・6条）ことを考慮すると、**15％～20％**程度を広告費用に用いることも合理的といえるかもしれません。

　どちらにせよ、これは事務所の経営方針だけではなく、そこで働く弁護士のワークライフバランス等の考え方に左右される問題であり、正解はないと思っています。

　ただ、広告費用の割合が上がりすぎて、弁護士がもっぱら広告費用を稼ぐために働くことになること、また、高額な広告費用が弁護士費用に跳ね返ることは避けるべきです。

　ですから、広告会社を使う場合は、少なくとも最初の契約期間は短め（半年か長くて1年）にするべきでしょう。

9 広告会社の選び方

❶ 最初に心得ること

（1） 弁護士よりも広告会社のほうが優位である

　最初に心得るべきことは、広告会社との取引では普段の弁護士業務と自分の立場が違うということです。むしろ、正反対です。

　普段は弁護士業務でお金をもらう方であるというだけではなく、情報格差・交渉格差の問題でもあります。

　通常の弁護士業務においてはもちろん、依頼者よりも弁護士のほうが、契約の対象についての情報を持っています。相場についてもわかっていますし、見通しについてもよりよくわかっているのは弁護士です。弁護士のほうが圧倒的に優位であるからこそ、契約にあたっては、基本規程により具体化されている弁護士倫理に（依頼者が一般消費者であれば消費者契約法にも）従う必要があります。

　また、基本的に弁護士は契約に関する法律に精通しています。取引相手が弁護士であれば、取引先もあまり無茶は言わないように心がけることが通常です。

　ですから、弁護士は、他人の契約については真剣に検討するのに、自分が当事者の契約については、ある程度、簡単に判子を押してしまう傾向があります（人それぞれでしょうが、例えば、勤務弁護士で契約書を作っていないケースも珍しくないと聞いています）。

　さて、広告、特に弁護士広告という非常に専門性の高い分野について熟知しているのは、弁護士ではなく広告会社です。ですから、情報量や交渉力は広告会社に分があります。また、本章10節（70頁）と11節（72頁）でも解説しますが、中には、悪質な広告会社もあります。

ですから、「とりあえず契約しておけば大丈夫だろう」という心構えでは、言葉は悪いのですが、**悪質な広告会社に「カモ」にされる可能性**があります。

（2）筆者の出会った「怪しい広告会社」

筆者も、「事件を依頼したい」という電話が来たかと思ったら広告掲載の勧誘であったとか、「紹介したい」というので聞けば「会費を払って◯◯ネットワークの会員になれば事件を紹介する」などと言われることはしょっちゅうでした。

また、開業当初はそれなりに時間があったので、何人か広告会社の担当者と打ち合わせましたが、広告の勧誘であるのか、紹介の勧誘（もちろん、弁護士法 27 条・72 条、基本規程 11 条・13 条に違反します）なのかよくわからないものも多々ありました。

勧誘（営業）が怪しい広告会社は避けるべきです。これについては次節で、いくつかパターンに触れて解説します。

❷ 広告会社に尋ねるとよいこと

指摘した通り、弁護士は広告会社に情報量、交渉力の面で大きく劣ります。ですから、普通に交渉しても、なかなかうまくいきません。

そこで、いくつかやってみるとよい質問を列挙するので、これらの質問を投げてみて、答えが怪しい、納得がいかない、答えられないのであれば、その広告会社は避けたほうがいいでしょう。

（1）初期費用・月額費用とその内訳

初期費用・月額費用とその内訳について、広告会社がちゃんと言わない、契約書に署名する直前まで教えてくれないことは、少なくありません。

なお、ウェブサイトの維持費の原価は、概ね**月額 1000 円前後**です。もちろん、メンテナンスなど手がかかることもあるので、これに近い金額でないとおかしいということはありませんが、月額費用が数万円

等であれば、コンサルティングなどもしてもらえるのかを聞いておくといいでしょう。

　初期費用については、ウェブサイトのデザインなどの必要があるので、それなりに高額です。20万円〜50万円、大規模であればそれ以上のことも珍しくありません。

　広告会社によっては、初期費用は取らず、代わりに一定期間以上の契約を要求し月額費用で回収するところもあります。

　どれがいい悪いではなく、**なぜそういう費用になるのか、理由や内訳を含めて確認をしておく**ことが大事です。

　特に、一見して高額な月額費用に思えても、広告に関するコンサルティング費用であるとか、ＳＥＯ対策とかが入っているのであればかえって安いという考え方もできます。

（2）最低契約期間

　携帯電話の世界では２年縛りが問題にされ、現在は規制されていますが、広く取引の世界では一定期間の契約を義務づける代わりにほかの条件で優遇するというのはよくあることです。弁護士広告についても、長期契約を推奨されることがあります。

　さて、弁護士広告に限らず、広告というのは、やはりやってみないと成果が見えません。

　特に、これは第４章で詳しく説明しますが、広告で得られるのは正確には依頼でも法律相談でもなく、問い合わせだけなのです。

　ですから、「広告を出したけど問い合わせに結びつかない」とか「問い合わせに結びついても、相談や受任に繋がらない」という場合は広告の成果の量か質が悪いということなので、**変更や中止も検討**しなければなりません。

　そういう場合に備えて、最低契約期間や解約条件などを確認しておきましょう。

（3）取扱い実績

　これまでに士業の広告、特に弁護士広告についてどの程度の実績があるか、これは広告会社のウェブサイトでも確認できますが、具体的には担当者から聞いてみましょう。

　弁護士広告のルールは非常に厳しいものがあります。違反時の不利益も大きいです。

　インターネット広告の世界は、それこそ生き馬の目を抜くような世界で、ギリギリを狙い少しでも印象的、もっといえば衝撃的な文面を使った広告が散見されます。

　それと同じような感覚で弁護士広告を作成されると、たちまち、広告規程等に違反することになりかねません。現に、広告規程の違反の大部分は、**不慣れな広告会社に任せた結果**生じたものであると思われます。

　そういうわけで、士業広告、特に弁護士広告の取扱い実績の程度について確認をしておき、ほとんど取扱い実績がない広告会社はよほどの理由（とても安い、内容はほとんど自分で作る予定である、自分に経験があるので大丈夫など）がない限りは避けるべきです。

（4）アクセス数・ほかの弁護士の成果

　ほかの契約者の情報なので広告会社としてはなかなか話しにくいところかもしれませんが、似たようなケースでどの程度のアクセス数が得られているか、問い合わせ・受任はどの程度か、見込みを聞いてみましょう。ちゃんとした答えが返ってくれば**かなり優良な業者**といえるでしょう。

　経験上、アクセス数と問い合わせ数は、あまり受任件数と結びつきません。また、弁護士をネットで探す人は、突発的な事件について探していることも多く、安定してアクセスや問い合わせ・受任を得ることは難しいです。

　ですが、弁護士としてはかなり気になるところですから、この点についてちゃんと答えを用意している広告会社は比較的信用ができると

いえます。また、作りっぱなしではなくて、アフターフォローも優れていると推測できます。

　なお、問い合わせ・受任件数と比例した広告費用の設定は、基本規程 11 条〜13 条に違反します。ですが、これは費用設定の問題であって、広告会社が把握をしてはいけないということではありません。たまにこのことを把握していない広告会社が基本規程 11 条〜13 条を理由に情報共有を拒否することがありますが、もちろんそれは誤りです。

（5）広告規程や基本規程（非弁提携規制）の知識

　最近はさすがに減りましたが、広告規程について全然知らない広告会社もまだまだあります。したがって、この点についても、簡単に確認しておくに越したことはないでしょう。

　確かめ方ですが、テストをするわけにもいかないので、打ち合わせの中で「広告規程違反や、非弁提携違反での懲戒も相次いでいて、不安を覚えることもある」と**広告をリスクだと思って躊躇っている趣旨**を伝えましょう。知識のある広告会社の担当者なら、安心させるために自社での取組み（弁護士からのアドバイスを受けているとか研修実施など）を答えるはずです。

　逆に、名前は言えないが弁護士が大丈夫と言っていたとか、弁護士法 72 条に違反しないから大丈夫（弁護士に同条の適用はなく、問題になるのは同法 27 条並びに基本規程 11 条〜13 条であり、かつ、27条より基本規程のほうがはるかに適用範囲が広いです）だとか、そういう言い方であればかなり怪しいといえるでしょう。

10

営業の怪しい広告業者は避けるべし

❶ 営業の仕方が大事な理由

営業の怪しい広告業者を避けるべき理由は、ネット広告の世界においては弁護士は素人であり、広告会社こそがプロであるからです。言い方は悪いのですが、広告会社がその気になれば弁護士を欺くことはさほど難しくありません。

また、事業者の同士の取引ですから、もちろん、消費者契約法の適用はありません。しかも、自主規制を除けば、広告会社には弁護士職務基本規程のようなものはないので、基本的に全て弁護士の自己責任の世界です。

弁護士が、**広告会社並の知識を身につけることは現実的ではない**(大きな弁護士法人の担当弁護士であれば、そういう力も身につくでしょうが)以上は、広告会社を信用するほかありません。

そういった中で、営業の仕方自体に問題があったり不誠実であったりする場合には、それだけで、広告業務が不当に高額であるとか、弁護士に不利益が生じるような広告規程に違反した広告を実施するリスクがあるといえます。ですから、営業の仕方に着目することには合理性があります。

❷ 注意するべき営業手法

まず、**広告業者の営業であることを伏した営業電話**は、もうその時点で論外でしょう。中には、「○○という事件が増えたら困りますか?」とか「○○という事件について、引き受けてくれますか?」などと問い合わせを装うものもあります。筆者も独立直後は、非弁提携

の誘いも含めてそういう電話ばかりを受けていました。事件の依頼であれば、早速事件内容を聞きたいところですが、内容を聞くと、広告の営業が始まったり「まずは会って話したい」などと言い出したりします。

とにかく会いたがる、事務所訪問をしたがる人にも要注意です。詳しい情報を前もって教えないのは、ゆっくりと検討されるとまずい（ボロが出るような内容である）ような不利な条件を弁護士に押しつけようとしている可能性があります。

筆者も独立直後は比較的時間があったので、業者と面会の約束をすることが何度もあったのですが、こういう業者は大体、例えば5年程度の一括契約（初期費用は0円なので一見すると安いのだけれども、総額は相当に高額になる契約条件）を持ちかけてきました。

また、アクセス数とか客観的データ、**数字を出し渋るケース**も要注意です。特に最近は、ポータルサイトといって、特定の1人・一事務所の弁護士広告ではなく、複数の弁護士・法律事務所の広告を1つのウェブサイトにまとめて掲載するケースが増えています。これには、デザインや検索順位の優れたウェブサイトを、初期費用をほとんど使わずに利用できるメリットがありますが、同じテーマについて複数の弁護士が並んで広告を出すことになります。ですから、本質的に、そのサイトのアクセスを取り合う、つまり**同じパイの奪い合い**になります。

そこで、そのパイの大きさが重要になりますが、こういうケースでも、アクセス数を聞くと「調べてないですねぇ」とか言われた経験があります。大きさのわからないパイにお金を払うようなものですから、これも論外です。

最後に少し技巧的な話になりますが、やたらと「**非弁ではない**」と強調するケースは警戒しましょう。やたらと言うということはつまり、そういう疑いをかけられたことがあるということです。

11

広告と非弁提携の関係

❶ 広告は適法、（有料）紹介は違法

（1）弁護士法令の定め

　大前提として、弁護士広告は（厳しい規制がありますが）適法です。

　一方で、弁護士や事件の紹介について**報酬目的で行うと違法**となります（弁護士法 72 条本文）。弁護士法 72 条本文は、非弁護士のみが対象で、弁護士であれば弁護士紹介業が行えるように読めますが、基本規程 13 条 2 項で弁護士が紹介料を受け取ってはいけないこと、同 12 条でも報酬分配の禁止が定められています。

　要するに、弁護士による弁護士・事件紹介業は法律上では可能ですが、日弁連の規程で禁止されている（上乗せ規制）ということです。

　また、弁護士は弁護士法 72 条本文に違反する者（弁護士でないが事件紹介をする者）からの事件紹介を受けることも禁じられています（弁護士法 27 条）。さらに、基本規程 11 条は、「違反すると疑うに足りる相当な理由のある者」からの紹介を受けることも禁じています。

　要するに、非弁行為をやっていると疑わしい人からは、**無料でも事件紹介を受けてはいけない**という非常に厳しい規制です。

（2）広告か、紹介か

　広告も事件紹介も、どちらも事件依頼を目的にして行うものです。そうなると、両者の区別は簡単ではないということになります。

　広告か紹介かを見分けるいくつかの要素があります。まず、第一に情報発信が依頼者に対して**一方的**であり、広告業者等第三者が、弁護士と依頼者とのやりとりに**介入するか**どうかです。

通常の広告は一方的に配信・配布され、それを見た相談者が直接弁護士に問い合わせをします。その間に、広告業者が介入することはありません。

しかし、例えば、問い合わせは弁護士にではなく、広告業者が主催するメディア・コールセンターに行われ、そこで広告業者が複数の弁護士の中からどの弁護士に配点するかを決めるといった関与をするなどすると、広告ではなく紹介になる可能性が高くなります。

また、**受任等の成果に費用が連動している場合**は、紹介ないし報酬分配の問題が生じます。典型的なものは、受任1件につきいくら、あるいは売り上げの何％という形式で費用が発生するケースです。

実際、厳密に比例していなくても、問い合わせ・受任実績に応じて費用の見直しを繰り返すなど「実質的に紹介料・報酬分配」となっていないかが問題になります。

以上をまとめると、広告業者が問い合わせ等に介入せず、かつ、広告費用が受任や問い合わせではなく広告の分量（配信数、スペースなど）で決まるのであれば、紹介ではなくて広告であるということができるでしょう。

❷ 非弁の判断に悩む具体例・よくある問題

（1）クリック数比例の広告費

よく聞かれる問題が、受任件数や売り上げ比例の広告が問題であるとすると、クリック数に比例するものはどうかというものです。

例えば、リスティング広告やバナー広告で、クリック単価を定め、クリックされた件数で広告料が決まるという設定はよくされています。これは、紹介料として評価されないのかという問題です。

結論からいうと、これは**紹介料にはなりません**。

対価が定められているのは、あくまでクリックに対してです。そして、クリックされた結果は、広告の表示に過ぎません。すなわち、一方方向の情報伝達である広告の対価に過ぎないので、紹介料にはならないというロジックです。

（2）問い合わせ比例の広告費

　さらに似たような問題として、問い合わせ比例の広告費用設定の問題があります。受任や売り上げ比例は問題だとして、問い合わせ比例は問題はないのでしょうか。

　これについては、**事件紹介の対価と評価せざるを得ない**と考えます。理由は次の通りです。

　まず、紹介が禁じられる「対象」は、弁護士法 72 条本文では「事件」、基本規程 13 条は「依頼者」です。事件の依頼そのものではありません。

　となると、受任を考慮しなくても、問い合わせの段階で具体的な事件があるため、少なくとも弁護士法 72 条には抵触することになります。また、基本規程 13 条の「依頼者」の定義が難しい、依頼に至らない者の紹介料まで含まれるのかという問題もありますが、問い合わせの段階で依頼意思はある程度あるでしょうし、やはり同条との抵触は問題になります。

　そもそもの問い合わせの実態として、最初の電話やメールの時点で、法律相談（質問）がなされることもたびたびあります。

　そうなると、問い合わせについては法律事件と同視でき、やはり問い合わせ比例の費用設定には法令違反の問題があるというべきでしょう。

（3）広告のコンサルティングサービス料金

　さて、広告業者に弁護士広告を依頼すると、コンサルティングのサービスを受けることができることもあります。これは、広告そのもののコンサルティングはもちろん、集客関係とか事件処理システム関係についても相談や助言を受けられるものです。

　弁護士が、非弁護士から、弁護士業務や法律事務所の運営についてアドバイスを受けることは、もちろん問題ありません。また、それについて対価を支払うことも、もちろん問題ありません。

　もっとも、コンサルティング料の名目であっても、例えば**売り上げに比例して決まる**というのであれば、報酬分配（基本規程 12 条）の

問題が生じます。また、そのコンサルタントが、実際に事件処理であるとか、事務所の運営を行うのであれば、非弁提携（弁護士法 27 条、基本規程 11 条）の問題が生じます。

入り口は広告にして警戒を解いて、前述のような非弁提携に誘い込む手口もあるので注意が必要です。法律事務所の運営や売り上げは、弁護士以外が手を触れるものではないと心得ましょう。

（4）広告掲載の見返りとしての事件紹介

最後に、最近増えているパターンなのですが、例えば「○○ネットワーク」という団体に加入して会費を払えば、その団体経由で依頼が入ったり、事件を紹介してもらったりすることができるという手口があります。

広告はその団体のウェブサイトに掲載してもらえるので、一見してただの広告のようですが、その広告を掲載する、つまり、費用の支払いを条件に事件の紹介を受けるということなので、やはり**紹介料の支払いと評価される**ことになります。違反例も少なくないので、注意が必要です。

特定事件に特化した専門サイトを作る

❶「何でもやる」は「何にもやらない」に等しい

取扱業務について、（特殊な分野を除けば）来れば何でもやるという弁護士がほとんどだと思います。

ですから、取扱分野について、特に限定せずにそのまま記載するとなると、「なんでもやります」ということになります。しかし、弁護士広告で、「何でもやります」と言うのは、「何にもやらない」に等しいイメージを与えます。

弁護士を探している人は、法的な問題を抱えている人です。そして、それは市民にとって普通のことではありません。人生で滅多にない特別なことです。弁護士にとって「普通の事件」と言えるものはあるかもしれませんが、依頼者、特に法人ではない個人の依頼者にとって「普通の事件」は存在しません。

依頼者は、特別なことを頼もうとしているつもりなのですから、やはり、特別な弁護士、つまり**その分野を特に注力して扱っている弁護士に依頼したい**と考えます。ずらずらと事件類型が羅列された中に自分の頼みたい事件の種類があってもあまり頼みたくなりません。

そこで、特定の事件類型に専門特化したウェブサイト（詳細は❷で解説します）が重要になります。

なお、弁護士人口がそこまで多くない地方においては、また少し話が異なります。取扱い業務を限定しない法律事務所のウェブサイトからの問い合わせもそれなりにあるからです。それでもウェブサイトの専門特化をすれば、例えば**県外の顧客**など広く集客することができるので、やはりお勧めです。

筆者の経験上も、事件の問い合わせは、紹介であるとかメディアへの出演等を見て「弁護士個人を指名する」ような問い合わせを除くと、**95%以上が専門サイト経由の問い合わせ**です。

❷「専門サイト」のススメ

（1）専門サイトとは？

　特定の取扱い業務について集客をするのであれば、絶対に、専門サイトを作成することをお勧めします。

　ここでいう専門サイトとは、**特定の業務分野に特化**したウェブサイトという意味です。事務所のウェブサイトが自分の事務所についてのウェブサイトである一方で、専門サイトは、自分が取り扱う特定分野に特化したウェブサイトということになります。

　最近、弁護士広告の世界でも積極的に開設されるようになりました。

（2）専門サイトのメリット

　専門サイトには、様々なメリットがあります。例えば、刑事弁護を例にとってみます。この場合、事務所のウェブサイトに刑事弁護というコーナーを作り、さらにそのコーナーの中に保釈であるとか、示談であるとか、あるいは罪名別にコーナーを作成する必要があります。すると、階層が深くなってしまい、閲覧者が希望する場所にたどり着きにくくなるという問題が起きます。

　しかし、専門サイトであれば、トップページはいきなり刑事弁護ですから、すぐに見たいコーナーに飛べます。**階層が浅くなるので閲覧しやすくなる**ということです。

　閲覧しやすくなると、コンテンツの分量も増やすことができ、刑事弁護ならマイナーな罪名についても解説を書くことができます。そうすると、検索でヒットすることが増え、問い合わせや依頼に繋がることも増えます。

　筆者も、数年前に書いた記事を読んだ人から依頼を受けることがしばしばあります。専門サイトは自分の資産にもなるということです。

また、事務所のウェブサイトにコーナーを作る方法だと、統一的なデザインをしないといけない（バランスに気をつける必要がある）のですが、専門サイトは、「刑事弁護のサイトは、こういうデザインで行こう！」というように、デザインを自由に決めることができます。

（3）専門サイトの訴求力

　専門サイトの最大のメリットは、閲覧者への訴求力です。専門サイトを作ることは、それなりにコストがかかります。ですが、それだけに「専門のサイトを作るほどにこの分野に力を入れているのか。これは頼りになる」と**訴求力は非常に高い**です。

　筆者も独立当初は、特に力を入れている分野について事務所ウェブサイトのコーナーを作り込む工夫をしていましたが、その後、その分野専門のウェブサイトを作成したら、**問い合わせが数倍に増えて驚い**たことがあります。コンテンツの分量そのものはさほど変わっていないのに、です。

　また、専門サイトなら「想像以上に問い合わせが増え、対応が大変だ」といったうれしい誤算がある場合も、サイト単位で一時的に閉鎖するとか、問い合わせ受付を中止することで、分野毎に受任を止めることも容易に可能になります。これも、弁護士広告を長く続けるにあたってのメリットです。

❸ 専門サイトの記載のコツと留意点

　まず、専門サイトに電話番号を記載することになるでしょう。その場合は、**受付時間を明記**しましょう。インターネットで弁護士を探す人は、個人の場合が多いです。そうなると、平日昼間の時間を確保しにくく、退勤後になることもよくあります。そうすると、例えば、10時〜17時であれば電話をしても大丈夫か迷うことはあまりありませんが、17時30分とかになると**電話をしてもよいのかと逡巡させて**しまうことがあります。

　筆者の経験で、電話の受付時間を書いていなかったとき「この時間

に電話してもよいのか、不安でした」と言う人が何人もいました。不安を感じて問い合わせに至らなかった人は、この数倍いるかもしれません。そういうことで、せっかくの問い合わせを受けるチャンスをフイにしないためにも、受付時間は明記しましょう。

　また、インターネット上での問い合わせを受け付ける場合、メールアドレスを記載する方法と、問い合わせフォームを設置する方法のどちらの手段にするかという問題があります。結論からいうと、**両方とも用意**するとよいでしょう。理由は次の通りです。

　かつては、メールアドレスをクリックするとメーラー（メールの送受信をするソフトウェア）が起動する方式は、パソコンでメーラーを設定しない人が多く、面倒がられるので推奨されておらず、メールフォームにするべきだといわれていました。

　しかし最近は、スマートフォンやタブレット端末で、ウェブサイトを閲覧する人が大多数です。そうなると、メールアドレスとメーラーの設定は予めされているため、むしろ、タップ1つでメールを書き始められるので楽であるということになります。

　もちろん、スパムメールの問題もあるので、問い合わせ専用のメールアドレスを取得して掲載しておくといいでしょう。

　一方、メールフォームは、スマートフォンからは入力が難しいこともあります。ただ、パソコンから閲覧しているのであればメーラーの問題がなくなるので逆に便利です。したがって、メールフォームも設置しておくといいでしょう。

　要するに、メールアドレスとメールフォームのどちらが便利かは閲覧端末に左右されるので、どちらも設置するべきということになります。広告会社によってはセオリーを守ってメールフォームだけにするケースもありますが、**メールアドレスの記載もお願いする**といいでしょう（くれぐれも、スパムメールなどに備えて、問い合わせ専用のメールアドレスを用意するようにしてください）。

13 業務案内・アピールは全て「法律相談」の応用と心得るべし

❶ ネット広告だからといって何も特別なことはない

ネット上の弁護士広告だからといって、何か特別なことを書く必要はありません。

筆者は、独立が早く、また東京23区内であったためネット広告だけでほとんど全ての取扱い案件を集めてきました。そのため、ネット広告のコツなどについて、弁護士に相談をされることがよくあります。そういう相談の中で感じるのは、皆ネット広告を良くも悪くも特別扱いしてしまっているということです。

「何か特別な費用がかかるのではないか」「特別な文章を作成しないと問い合わせや依頼に結びつかないのではないか」といった質問をよくされます。

しかし、ネット広告であっても、何も特別なことはありません。むしろ、**法律相談の応用に過ぎない**といえます。

❷ ネット広告が法律相談の応用である理由

ネット広告が法律相談の応用である理由については、理論的に説明することができます。

ネット上で検索して弁護士を探す人は、法的問題を抱えている人です。自分が疑問に思っていること・問題をキーワードにして、その上で、合致すると思うウェブページを閲覧します。そのウェブページの内容と自分の問題を照らし合わせ、検討し、理解・納得ができれば、問い合わせや依頼を検討することになります。

通常の法律相談も同じようものです。相談者が、疑問や不安を弁護

士に尋ね、弁護士はそれに合致する情報・回答を与えます。相談者が理解して納得できれば、依頼を検討することになります。

弁護士広告と法律相談は、一見、全く違うように見えます。しかし、**相談者の不安に対応して回答をするという構造は全く同じ**で、ウェブサイトで答えるか、対面（あるいは、最近は電話やビデオ電話）で答えるかという違いしかありません。

法律相談時の対応が、その後の受任の可否に大きく影響することに異論はないと思います。

同じく、よい法律相談に匹敵するウェブサイトは、問い合わせや受任に繋がるといえます。

❸ 問い合わせ・受任に繋がる構成と文章のコツ

ネット広告が法律相談と似ている点は、「読者が疑問点を検索して、それに対応する記事を読んで納得する」という「疑問から始まり弁護士の回答で納得する」という流れです。

ですが、ネット広告には通常の法律相談と決定的に違う点があります。それは、弁護士が予め準備をしていた質問にしか答えられないという点です。ウェブサイトの記事は、法律相談における質問と答えの組み合わせのコレクションであるといえます。そして、その組み合わせに該当するものがないと、法律相談でいうところの「わかりません」で終わることになります。

要するに、通常の法律相談と違って、聞かれたことに答えればいいではなく、**聞かれることを予め予想して解説を書く必要がある**ということです。

ですから、これまでの経験をフルに生かして、**どういう質問が飛んでくるのか、どういう希望を述べられることが多いのか**をリストアップしていく作業が必要です。

事件類型毎に大きく異なるので、本書で網羅することは難しい点ですが、刑事事件を例に取ってみると、①逮捕など拘束された場合は、いつくらいに自宅に戻ってこられるか、②最終的な処分はどういうも

のか、③事件における処分の見通し、④保釈をしてもらいたいときは
どうすればいいか等がテーマになります。

　こういう相談者の質問とニーズ毎に、ページを作っていきます。理
想をいえば、専門サイトを作ってその中に上記①～④にあたるページ
を設置するのが望ましいです。

　また、どの分野でも相談者が共通して気にしていることは、とにか
く「**流れ**」「**結論が出るまでの時間**」「**結論が出たらどうすればいいか**」
の３点です。

　民事事件一般を例にとると、交渉から開始して、交渉がうまくいか
ないなら提訴する、逆に提訴されたら訴状は自宅に届く、裁判は１ヶ
月毎位に期日がある、最後に尋問があって判決となります。

　具体的にどういうことを書けばいいのかは、まさに法律相談のシー
ンを思い出しながら、いつも聞かれる質問毎にページを作ることが、
地道ですが一番の近道です。法律相談をするときメモを作ることもあ
ると思いますが、そういうメモはネット広告制作ための貴重な素材と
なります。

　パソコンの画面ではなく、相談者を前にしているとイメージしなが
ら広告の文案を作ることがコツです。

14 「取扱」「注力」「専門分野」の使い方

❶ 3つの言葉をどう使い分けるか

　刑事弁護とか、消費者被害とか、それぞれの業務分野について記載する場合、それをどのように呼ぶのかという問題があります。

　呼び方には大きく3種類あります。単に「取扱分野」というのが一般的です。また、ほかの分野と区別して特に力を入れていると強調する「注力分野」「特に力を入れている分野」「重点取扱分野」などの呼び方や端的に「専門分野」という呼び方もあります。

　ここでは、それらをどう使い分けるべきかについて解説します。

❷ 専門サイトなら使い分けを気にする必要はない

　これまで繰り返し触れているように、相談者目線で考えれば、専門サイトを作成するほうがはるかに読みやすく、理解しやすく、問い合わせや相談にもつながりやすいです。

　例えば、刑事弁護の専門サイトであれば、それがまさに重点取扱分野ですので、**呼び方で悩む必要はありません。**

　もちろん、その分野の中でも特に注力している分野、例えば、刑事弁護でいえば、保釈であるとか、勾留に対する準抗告（仮に一般向けに説明するなら「逮捕後の早期釈放」という言い方にするべきでしょう）とかはあるかもしれません。それらについては、目立つようにデザインするなどの工夫はあり得るでしょう。

❸ 専門サイトを使わない場合の記載方法

　専門サイトを使わない場合、記載方法の書き分けが問題になります。

相談者がどの程度気にしているかですが、筆者が相談者から聞いた話をまとめると、概ね次のような傾向があります。

　注力であるとか専門分野であるとか、そういう記載はあまり気にしないようです。 相談者も、宣伝ということで話半分でウェブサイトを見ているわけですから、「得意」とかはあまり気にしないというのは、自然なことでしょう。

　ただ、**取扱業務の中に依頼したい事件が「入っていない」と問い合わせてもいいのか心配になる**傾向はありました。

　そういうことで、書き分けについてはあまり気にせず、自分がやれる分野を網羅する形で記載し、その中でも、特に力を入れて取り扱っている（あるいは取り扱いたい）分野については、注力とか、重点取扱とか記載するとよいでしょう。要するに、分野を網羅しているかどうかを気にすればよいということです。

　なお、「専門分野」という記載は避けるべきです。この問題は本章16節（88頁）で詳しく解説します。

「○○に強い弁護士」という表現

❶「○○に強い弁護士」という表現の背景

弁護士広告で「○○に強い弁護士」のような表現を目にしたことがあると思います。「債権回収に強い弁護士」「刑事弁護に強い弁護士」などです。

筆者も、相談者から「先生は、『○○に強い弁護士』なんですか？」「『○○に強い弁護士』を探しています！」などと言われることもしばしばあります。

さて、このような表現は弁護士広告に限らず多くの広告にあるように、ほかよりもその分野で優れていると標榜するものです。これ自体は、もちろん広告規程に違反するものではありません。

このような表現が出てきた背景には、やはり**専門表示の問題**があります（詳しくは本章16節・88頁で触れます）。専門表示は、原則として非推奨というのが日弁連の立場です。なので、「○○専門弁護士」という表現に代わる優位性のアピールとして、「○○に強い弁護士」という表現が出てきたと思われます。

❷ 意味合いと広告規程との関係

（1）基本的には問題なし

さて、「○○に強い弁護士」という表現は、その分野が得意である、ほかより優れているという意味があります。

このような表現は、広告では当然のことですし、広告規程でも禁じられているものではありません。

広告規程3条各号は、ほかより優れているとの広告を禁じていませ

ん。比較広告は同条5号で禁じられていますが、これはあくまで「特定の弁護士と比較して優れている」という広告を禁じる規定です。一般的に、「ほかよりも優れている」という表示の全てが禁じられているものではありません。

　同条1号は事実に反するもの、3号は誇大または過大な期待を抱かせる広告を禁じていますが、ほかの弁護士よりその分野で優れているのであれば、「〇〇に強い弁護士」と表示する程度であれば、事実に反するとはいえないでしょう。また、**広告である以上はある程度の肯定的な期待を抱かせることはやむを得ないですし、自然なことです。閲覧する人もそれは承知の上ですから**、誇大であるとか、過大な期待を抱かせるといえるケースは少ないでしょう。

（2）「〇〇に強い」が問題になる場合

　基本的に問題になりませんが、仮に問題になるとすれば、広告規程3条1号の事実に反する広告に該当するケースです。

　「〇〇に強い弁護士」というのは、少なくともその分野について弁護士という専門家として優れている、**平均的な弁護士よりも優れているという趣旨**になります。

　その上で、虚偽広告は広告規程3条1号で禁じられているところですが、この立証責任は弁護士側にあります（広告規程12条3項・4項）。ですから、「〇〇に強い弁護士」という表示は、真実、その分野について一般的な弁護士より優れていることが証明できないと、広告規程違反ということになります。

　ただ、実際問題として、「〇〇に強い」が虚偽であると問題視されることは、まずないと思います。やはり、広告は優位性をアピールするのが通常であることと、「〇〇に強い」が虚偽であるかどうかは、客観的に判断することは難しいからです。

　もっとも、何ら実績、著作、論文などがない、特に登録間もない弁護士について「〇〇に強い弁護士」と表示するなど、かなり極端なケースでは広告規程違反となる可能性はあると思います。

逆に、そこまで極端でなければ問題にならないといえます。

❸ 記載するべきかどうか

「○○に強い弁護士」と記載するかどうかについては、もう完全に**好みでいいでしょう**。ただ、相談者は、筆者の経験上「**○○に強い弁護士かどうか**」を気にしています。ということで、根拠が全くないというような事情でもない限りは、基本的には記載する方向で考えてよいと思います。

弁護士が少ない地方であれば、特に相談者への訴求力が強いです。都心部でも、特殊な分野であればアピールの効果は大きくなるでしょう。

なお筆者の場合、昔からそういう表記は極力避けています。何ら根拠なく「強い」と連呼していると思しきケースを見てきて、自分が同じことをすることに忌避感があるからです。ただ、「○○に強い弁護士」かどうか気にする相談者が少なくありません。そこで、「先生は、○○に強い弁護士ですか？」と聞かれた場合、この節に書いてあるようなこと、つまり「『○○に強い弁護士』というのは宣伝ですから、自称で、本当のところはどうだかわかりません。中には、疑わしいものもあると思います。ですから、私はあえてそういう自称はしないことにしています。相談やウェブサイトの記載、経歴等から判断していただけると幸いです」というように答えています。

もちろん、ウェブサイトを見て「○○に強い弁護士」の表示がない時点で問い合わせもしてこない相談者には意味がありませんが、そういうケースは稀でしょうし、こういう返し方をすればかえって信用を得やすいと思います。

もちろん、その分野について、それなりの実績や著作等の裏付けがあることが必要ですが、「○○に強い弁護士」の表示をしない場合は、こういう「**返し方**」を用意しておいたほうがいいでしょう。

16 専門表示をするべきか否か

❶ 専門表示の基礎知識

　「私の専門分野は○○です」「私は○○専門弁護士です」のように、特定の分野が自分の専門分野であると表示する行為を本書では「専門表示」ということにします。

　なお、ウェブサイトにおいて、「○○専門ウェブサイト」のように、分野を特化して掲載する場合は、弁護士の専門分野の表示ではありませんので、専門表示に該当しません。

　弁護士をやっていれば何度も、「先生のご専門は？」とか「先生は○○専門なのですか？」「○○専門の弁護士を紹介してください」などと言われたことがあると思います。

　後で触れますが、専門表示について消極的な立場の広告指針ですら、**市民が弁護士の専門分野について強い関心**を抱いており、情報ニーズがあるということは認めています。

　ところが、このように関心を持たれているにもかかわらず、弁護士の専門分野の表示は、ほとんど見かけることがありません。

　それは、本節で述べる通り、広告規程との抵触の問題があるため、また、広告指針において**表示を差し控えるべきであるとされている**ためです。広告規程の問題について詳しくない方でも、「専門表示は駄目」という話はなんとなく知っていることかと思います。なお、これも後で詳しく触れますが、専門表示は一律に禁じられているわけではありません。

❷ 広告規程や指針との関係

（1）日弁連の見解

　「専門表示は許されるのか？」とは、よく聞かれる問題です。これについての見解をまとめると、「日弁連は専門表示を禁じていないが、非推奨である。そして、専門表示だけでは直ちに広告規程違反にならないが、専門表示があるせいで広告規程違反と評価されることはあり得る」ということです。こう言われても、「**禁止じゃなさそうだけれども、それをやったら危ない**」みたいな話でちょっとわかりにくいと思うので、以下、詳しく説明します。

（2）広告規程との関係

　広告規程との関係でいうと、専門表示そのものを直接禁じた定めはありません。広告規程4条は、勝訴率などの表示を禁じていますが、その中に専門表示は列挙されていません。

　そうすると、問題になるとすれば、広告規程3条1号（事実に反する）、2号（誤導）、3号（誇大）ということになります。

　そして、専門表示がこれに該当するかについては、広告指針の第3の12に解説があります。なお、広告指針では、専門表示が1号に反しないかは問題とされていませんが、筆者としては専門分野というのは事実の問題でもあるので、反する可能性はあると考えます。もっとも、結論に違いが出るものではありませんので、ここでは1号～3号の問題を一括して扱うことにします。

　専門表示について、広告指針は「国民が強くその情報提供を望んでいる」としつつも、「何を基準として専門分野と認めるのかその判定は困難である」として「表示を控えるのが望ましい」としています。

　すなわち、「**禁止される表示ではないが非推奨**」とされています。

　一方で、この「望ましい」の意味については、広告指針第1の2(4)に定めがあります。少し長いのですが、以下引用します。

　「この指針において、『望ましい』とある規定については、これに従

わなかったことをもって直ちに規程の当該規定に違反するものと解釈してはならない。ただし、他の行為等と併せて規程その他の規範に違反するか否かを判断する場合において、その要素の1つとすることを妨げない」

つまり、禁止ではなく非推奨に過ぎないが、表示することで結果的に規程違反の原因になることがあるということです。

実際に想定されるケースは、広告で、専門表示に加えて誇大であるとか問題のある内容が散見される場合において、「専門表示だけ」あるいは「専門表示以外の部分だけ」であれば規程違反とまではいえないが、**合わせると規程違反になり得る**などです。

「合わせ技一本」のような評価に疑問がないではないですが、一般市民が広告から受けるイメージは、個別の文言だけではなく広告全体の表現で決まるので、合理性がないとまではいえないと思います。

さて、広告指針は「本会及び弁護士会の綱紀委員会及び懲戒委員会並びに本会の綱紀審査会の判断を拘束するものではない」（第1の2(3)）としており、指針の拘束力を否定しています。もっとも、広告指針はただの解説ではなく、広告規程に根拠があります（広告規程13条）。ですから、綱紀委員会等の判断について絶対の拘束力はないとしても、影響力はかなり大きいと考えるべきでしょう。

となると、専門表示は非推奨であり、直ちに違反しないといっても違反の判断に影響を与えるということで、**専門表示が原因で懲戒の処分を受けるリスクはあり得ます**。

筆者個人としては、専門表示は、何よりも「市民が求めている情報であり、それに答えるのが弁護士の使命であること」「専門表示が誤導や誇大広告につながる面があるといっても、それは専門表示自体の問題ではなく、広告全般に共通する問題であること」から、許されるべきであると考えています。

そうはいっても、ここまで述べたような事情があるので、本書では**「専門表示はリスクが高いのでするべきではない」**という立場を取ることにします。「注力分野」や「得意分野」という表示が適切でしょう。

もっとも、これらも裏付けは必要です。

　ただ、今後、日本弁護士連合会においては、非推奨から「特に注意をした上での表示」を求める方向への変更を検討してほしいと思っています。

❸ それでも専門表示をしたい場合

　それでも専門表示をしたい場合、少なくとも、**以下の全ての要件を満たすべき**です。仮に専門表示について「非推奨」が外れるとしても要件にすべきと考えます。

① 当該分野について、経験や実績が、ほかの弁護士よりも顕著に優れており、かつ、それについて客観的な裏付けがあること

② ○○専門弁護士と名乗る場合、少なくとも、執務時間の過半は、その分野に充てられていること

③ 複数の分野がある場合は、その上限は概ね３分野程度とし、かつ②における執務時間の過半の要件は、３分野の合計とすること

④ 専門分野の表示にあたっては、広告の表記上、例えば、弁護士には専門医制度のようなものがないこと、自称に過ぎないこと、ただし根拠があること、その根拠の概略を説明していること

17 依頼者とのトラブルの原因になる広告

❶ 広告だけでは終わらない

　弁護士広告だけでは終わりません。その後に、**問い合わせがあり、相談があり、受任があり、事件処理があります**（本書では特に弁護士広告後の問い合わせ対応を重要視して解説していますが、これについては第4章で詳しく解説します）。

　もちろん、広告を出して終わりではないというのは、ほかの広告でも同じです。例えば、通販の広告でも、その後に注文処理、梱包・発送などの作業があります。分量によっては仕入れの調整とか、あるいはアフターサービスも重要になるでしょう。

　弁護士業務の特殊性は、受任後、依頼者と二人三脚で事件処理をしないといけないところにあります。弁護士の業務の質は、弁護士のみならず依頼者に大きく依存するのです。

　事件処理に非協力的であったり、猜疑心が強く仮定に仮定を重ねた疑問を持ち続けたり、方針や理解について弁護士と食い違いがあったりする依頼者であると、大概事件処理の結果は悪く、処理そのものにも苦労しかねません。

　弁護士業務は、品質やコストが依頼者の振る舞いに大きく依存する以上、広告を出して終わりではなく、その「後」が非常に重要であるといえます。

　したがって、弁護士広告で**誤解を招いたり過度な期待を抱かせたりすると、受任後にトラブルが起きかねません**。また、そのようにして問い合わせを得ても、相談から受任に繋がることは少ないでしょう。

　弁護士広告そのものの問題ではないのですが、弁護士広告を実施

し、続けていくにあたって避けては通れない重要な問題ですので、広告の後の段階でのトラブルを防ぐために、広告で注意するべきポイントについても触れることにします。

❷ トラブルになりやすい言い回しと対策

（1）断定的な言い回しを避けた説明のコツ

　トラブルになりやすい言い回しを避けるには第一に、「○○すれば必ず不起訴になる」などの断定的な言い回しを避けることが必要です。もっとも、断定かそれに近い表現をしないと相談者に訴求しない、広告としての効果が低いのではないかという問題があります。

　これには、筆者が広告ではもちろん相談時も心がけて工夫している点なのですが、「**経験から傾向を述べる**」ことです。例えば、痴漢の初犯であれば示談をすればほぼ不起訴になります。もちろん、犯情等によってはそうならない可能性もあります（そもそも、相談者が罪名を勘違いしているケースもあるでしょう）。

　そういう場合は、「こういう案件（痴漢の初犯事件）であれば、少なくとも自分が担当した案件では、示談が成立すれば全て不起訴となっている」というような説明をします。もしくは、「同じくらいの重さの案件で、かつ、前科があった件でも、示談が成立すれば不起訴になりました」など類似の**相談者の案件より少しネガティブな要素のある例**を持ち出すのがいいでしょう。もっとも、あまりそういうことをすると過大な期待を抱かれるので、「相手方や担当者の意向も影響するので、断言はできない」と留保を付けるべきでしょう。

　留保のコツとしては、こちらが把握できない要素（上記の例だと、捜査機関の担当者や被害者の意向）に影響されることを告げることです。要するに、**母数を自分の担当事件にして、その限りでは断定**するというやり方です。もちろん、「この事件において必ずしもそうなるものではない」という限定は必要です。これらを踏まえれば誠実な説明となり、かつ、誤解も招きにくいと思います。

（2）終わりが見えない事件にならないように

　第二に、「**徹底**」「**諦めない**」など、事件の終結を制限しかねない表現には注意しましょう。

　事件の中には、特に債権回収など、最終的に「これ以上成果が出ないので、終結する」ということもやむを得ないケースがあり、このような記載があると依頼者に期待を持たせてしまい、永久に事件処理が続くことになりかねません。

　もっとも、「こういう記載が一切駄目」というのも不合理です。合理的な範囲で「徹底」して事件処理にあたり、「諦めない」ことはあり得るというか、むしろ望ましいことだからです。

　記載については注意しつつ行い、かつ、契約書上の工夫（次頁で解説します）を併用するといいでしょう。

（3）「特別サービス」を誤解されないように

　第三に、「特別サービス」を期待されないようにすることです。

　弁護士広告で、例えば「**相手方の家を訪問して、○○をして、無事に事件は成功しました**」という実績を紹介している場合のように、弁護士業務では通常あまり行われない特別なサービスをするかのように見せている場合は問題です。

　もちろん、サービスを実際に行うのであれば問題ありません。ただ、これは弁護士業務においては当然の（そして、たまに依頼者に理解してもらうことに苦労する）ことですが、弁護士はできる手段全てを片っ端から尽くすものではありません。また、依頼者のいう通りに動くものでもありません。

　依頼者の希望を踏まえつつも、弁護士が自分の責任と裁量で、適切な手段や方法をとることになります。

　ところが、弁護士広告において、上記のような特別なサービスを記載していると、依頼者は、「自分の事件でも『必ず』そういうことをやってもらえる」と期待します。しかし、弁護士としては、その案件でそれをすることが適切であると判断できないとやりません。そうな

ると、「広告には、○○してくれる（している）って書いてあったじゃないか！」とトラブルの原因になってしまいます。

　さて筆者は、無料電話法律相談を行うこともある関係で、「既に弁護士に依頼をしているのだけれども、処理に疑問がある」とセカンドオピニオンを求められることもしばしばあります。その中で、「依頼している弁護士の広告や出演しているテレビでは、事件の相手方の自宅に訪問してくれると言っているのに、自分の事件ではやってくれない」という趣旨の不満を聞くこともありました。

　もちろん、一方当事者の話だけですので、話半分に考える必要はあるにしても、この手の特別なサービスへの期待は、受任後のトラブルの原因になりかねないといえます。

　なお、この相談例にあるように、最近は弁護士がテレビに出演する（筆者も多少ですが出演することがあります）場合、こういう「相手方を直撃」みたいなシーンがしばしばあります。その手法の適否は本書のテーマから外れるのでここでは論じませんが、自分への過大な期待を持たれるリスクも認識しておいたほうがいいでしょう。

　このようなトラブルを防ぐ方法ですが、弁護士広告であれば、例えば「事件においていかなる処理方法をとるかについては、ご希望も踏まえた上で弁護士の裁量で決します。この○○という方法を必ずとることをお約束するものではありません」と注意書きを添える方法があります。

　ただ、そこまで読んでもらえるかという問題もあり不十分ですし、テレビ出演で期待を持たれた場合には、この方法はあまり有効的ではありません（テロップでそういう表示をしてもらうことも非現実的でしょう）。そこで、次で解説するような方法が考えられます。

❸ 予防のための契約書の工夫

　契約書において、前項(2)(3)で触れたような工夫をすることは重要です。つまり、契約書に時間にも**手法にも限界があること**を**明記**するのです。

ただ、この場合、事務所で利用している契約書に不動文字で、例えば「半年以上事件の進捗がなく、見込みがない場合の終了」や「事件処理方法については弁護士の裁量で決する」と記載しておくだけでは不十分です。

　なぜなら問題は、弁護士が委任契約上の義務を負うかどうかだけではなく、それについて依頼者の納得が得られているか、誤解を招いていないかという点だからです。

　理解や納得を得るためには、委任契約書のひな形に不動文字で定めを置くだけではなく、「特約」として**契約条項の末尾に置く**ことが有効です。末尾には、依頼者が一番気にする報酬と発生条件の記載もあります。また、署名欄にも近いでしょうから、否応なく目に入ります。加えて、特約として定めることで、契約時にちゃんと説明をしたという証拠にもなります。

　この、注意を要する案件において特約事項を定める方法は、トラブル防止のために有効的です。ほかに、重要事項説明書を作り記載する方法もあります。

第3章

ネット広告の続け方

始めた「後」こそ大事

❶ 始めた後が大事な理由

　弁護士広告に限らず、広告は始めた「後」が重要です。広告というのは、相当のコスト（時間、お金）を要するものです。ですから、それにふさわしい効果が得られているのかの**追跡調査は重要**です。

　ここでは、広告がどれくらい閲覧されているか、どれくらい問い合わせに繋がっているかの調べ方や活用方法について触れます。なお、問い合わせがきた場合の対応については、第4章で詳しく解説します。

　始めた「後」が大事な理由は、相当なコストを費やしているのですから、それに見合ってもらわないと困るということです。また、弁護士広告のコストは、広告の作成にかかるコストだけではなく、更新を続ける手間暇などもコストです。なお、問い合わせはあるが受任に至らないもの、相談に至ったが相談料は無料で受任に至らないもののいずれも、あえて言えば「コスト」です。

　また、ネット広告はアクセスについていろいろと分析ができ、これを「**アクセス解析**」といいます。何件アクセスされたか、検索でどのページにアクセスされているか、どんなキーワードで検索されてアクセスされたか、そのときの検索順位はどれくらいであったかなどもわかります。

　なお、第1章5節（53頁）で、検索順位つまり SEO 対策は巷で言われているほど重要ではないとお話しました。

　このあたりの根拠（検索順位が2ページ以降であってもアクセスされている）もこの解析から知ることができます。

❷ アクセス解析の設置

　広告会社に依頼をしているのであれば、アクセス解析は簡単に設置してもらえます。というより、頼まずとも**当然に設置してくれている**ことが通常だと思います。

　自作の広告の場合は、例えば、Google 社が提供している「Google Analytics」などのアクセス解析があります。設置は、指定されたコードを設置（書き込み）するだけでほとんど終了します。このあたりは、各アクセス解析サービス毎に異なるので、マニュアル等を参照してください。

❸ 問い合わせの実績をチェックする

　問い合わせ数と、そこから相談に至った数、受任に至った数、そして、いわゆる対応困難者（問い合わせ内容が理解・対応困難、無予約で事務所に押しかける、相談はできないと言っても繰り返し連絡をするなど）の数もチェックしておくといいでしょう。

　第 4 章で問い合わせ対応について詳しく述べますが、これらは対応がうまくいっているか、あるいは、広告のコストが見合っているかを判断する基準になります。

　これらの数値の具体的な活用法については、次節で触れます。

アクセス数は
全体と個別を把握しよう

❶ アクセス数の意味

　アクセス数とは、何人（何回）のアクセスが、ウェブサイトになされたかという数字のことです。正確にはいくつかの概念に分かれます。

　まず、**ページビュー**（PV と略されることが多いです）がページが何回表示されたかです。1 人のユーザーが 100 回見ると、100 回とカウントされます。

　次に、少しわかりにくいのがユーザー数とセッション数です。

　ユーザー数は、ウェブサイトに来訪した人数を示します。

　セッション数は、接続した回数つまり、ウェブサイトに訪れて、ページをいろいろと閲覧して離脱するまでを 1 回と数えます。なお、ユーザー数とセッション数は、アクセス解析プログラムによって定義が異なることがあります。

❷ 効果測定として重要なページビュー

　効果測定として重要なのはページビューの数です。

　閲覧者が興味関心を抱けば、すぐに「離脱」せずに、様々なページを閲覧してくれます。さらに、相談を検討しているのであれば、1 ページだけを見てすぐに問い合わせをすることは稀です。慎重に、いろいろなページを閲覧してから問い合わせを決断します。

　そういうわけで、**閲覧者を引きつけている弁護士広告のウェブサイトはページビューが増える**傾向にあるので、これを指標にすることは適切です。

筆者の実感でも、問い合わせ数、特に受任に繋がる問い合わせの数はページビューと比例しています。

　逆に、ページビューが多いのだけれども、同時にユーザー数も多い、つまり、それぞれのユーザーが閲覧するページ数が少ないというケースでは、集客に繋がっていない可能性が高くなります。

　というのも、弁護士のウェブサイトは、法律情報が豊富に掲載されている関係上、「弁護士に相談するほどではない（と思っている）」「特に問題を抱えているわけではないが、興味や関心で閲覧したい」という閲覧者が多数いるからです。

　ですから、単に「興味関心があるから、自分の問題ではないのだけれども閲覧する」というページビューが増えても、問い合わせには繋がりません（それはそれで、ウェブサイトの価値や自分の知名度を上げたり、取材や出版のきっかけになるので有益ですが）。

　この点は、細かく議論するときりがありませんが、**とにかくページビューを重視する、しかし１ユーザーあたりの閲覧数が少ない場合**は第２章と本章を参考にして、**改善を試みるべき**です。

❸ 個別と全体の把握

　アクセス解析をすると、自分のウェブサイト全体のアクセス数のほか、**どのページ（コーナー）がどれくらい閲覧されているか**もわかります。これは結構貴重な情報で、例えば第２章で弁護士費用よりも弁護士紹介が重要であると解説しましたが、これはこのデータから得られた知見です。

　さらに、**法律問題の需要の調査**にもつながります。法律問題毎の解説、例えば、任意整理と破産の違いとか保釈制度とか身体拘束期間の計算といった解説記事のアクセス数は有益です。なぜなら、アクセスが多いということは、それを知りたがっている人が多いということで、そこから需要を読み込むことができるからです。

　筆者の経験でも、児童ポルノ案件において自首をすることが逮捕回避に有効という解説を記載したところ、そういう不安を抱えている人

は相当数おられたようで、多数のアクセスが検索から流入しました。

　それで自首関係の依頼も増えたので、そのコーナーを加筆して改良を続けるとさらに依頼が増えるという好循環を生むことができました。また、それをテーマの1つとして専門書を出させていただくこともありました。

　相談者に話を聞いてみると、「**気になっているところはやはり何度も見る**」「**定期的な更新があると信頼感が増す**」ということでした。

　ですから、個別のアクセス記録というのは、評価であり、かつ、市場の「需要」を計る大事な資料でもあります。そして、需要のある記事・分野が見つかれば集中的にリソースを投下、つまり**記事を更新し**ていくと上記のような好循環を呼ぶことができます。

　また、次節でも触れますが、ページが存在することで検索キーワードから需要を察知することもできますし、別にコストがかかるものではないので、アクセス数が少なくともページを維持する価値はあります。あえて、削除する必要はありません。

どこから来たか把握しよう

❶ どこから来たかが大事な理由

アクセス解説を活用すれば、需要を計るだけではなく、リソース（更新のための手間暇等）を好評の分野に集中投下することで、広告の改良→問い合わせと依頼の増大→それらの経験を踏まえた広告の改良→さらなる依頼というような好循環を実現することができます。

さて、アクセス解析では、**どこから来訪したか、つまりリンクされている場合にはそのリンク元についての情報**も収集されます。また、検索エンジンの場合は、**どんなキーワードで検索されてアクセスされたか**についても知ることができます（この点については、次節で解説します）。

アクセスが多い原因が、そこで解説している問題について不安を抱えている人・相談をしたい人がアクセスしていることであれば、そのアクセス数は有益です。なぜなら、問い合わせや相談、受任に繋がるからです。

一方で、「特に問題は抱えていないが、興味関心がある」というだけでアクセスされているなどほかの理由であれば、全く無益とまではいいませんが、問い合わせ等にはあまり繋がりません。したがって、同じアクセスでも「どこから来たか」が重要になります。

❷ 価値のあるアクセスとそうではないアクセス

結論からいうと、価値のあるアクセスは**検索エンジンからのもの**です。なぜなら、現状、市民が弁護士にアクセスする場合、まずは検索で探すことが大半です。そうすると、まさにキーワードで探してたど

り着いてくれた人は、問い合わせや相談の意思が十分にあると見込めるからです。

次は、**リスティング広告を出している場合のアクセス**です。これも、お金でアクセスを買っているということではありますが、少なくとも、狙ったキーワードで検索した人がアクセスをしているので、そのキーワードについて問題を抱えている人、つまり潜在的相談者からのアクセスである可能性が高いということになります。

逆に、ニュースサイト・まとめサイトや匿名掲示板、SNS などからの流入は、集客という観点ではあまりメリットがありません。というのも、閲覧者は自分が抱えている問題について調べているのではなく、単なる興味関心からアクセスしているに過ぎないからです。したがって、これらのアクセスが、問い合わせに繋がることは稀です。

ただ、話題になることで、メディアからの取材があったり出版等のきっかけになったりすることはあるかもしれません。筆者も、ツイートがたくさんリツイートされたことをきっかけに、出版社からそのテーマで執筆を持ちかけられたことがありました。

なお、第1章6節(29頁)・7節(32頁)で触れた通り、弁護士にはその業務の性質上「炎上リスク」があります。ですから、見慣れぬアクセス元からアクセスが殺到している場合、自分の広告が炎上している可能性もあります。その場合はアクセス元を閲覧して、どういう文脈で言及されているかを確認するといいでしょう。

どんなキーワードで来たか把握しよう

❶ 検索キーワードは宝の山

　検索エンジンからのアクセスが最も価値があるというのは述べた通りですが、その際、どんなキーワードでアクセスされたかという情報も非常に重要です。なぜなら、自分の弁護士広告を閲覧する潜在的顧客が**どういうテーマに関心を持っているか**がわかるからです。

　特に、最近は検索するときに、例えば刑事弁護では「オレオレ詐欺」というように単語で検索するのではなく「オレオレ詐欺で執行猶予になる方法」など文で検索するケースも増えています。これにより、閲覧者が持っている疑問を把握することができるため、問い合わせ対応や法律相談対応において、予め準備しておくことができ法律相談が充実する、ひいては受任に繋がることになります。検索キーワードは、需要を知り相談の準備もできる、まさに宝の山といえます。

　アクセス解析には、検索エンジンから**どのような検索キーワードでアクセスされたか表示する機能**がついているので、定期的に（できれば月1回程度）チェックするといいでしょう。

❷ 検索キーワードの活用方法

（1）ページとキーワードが合致しているものは更新を続ける

　ページと検索キーワードが一致しているものについては、そのページは「うまくいっている」つまり、**問い合わせや受任に繋がる価値の高いページ**です。是非、更新を続けましょう。例えば、保釈について解説したウェブページに「（地名）　刑事弁護　保釈」というような狙り通りのキーワードでアクセスされている場合です。

更新がされているという事実は、**閲覧者の信頼感、安心感の醸成**に繋がるので、少しでもいいので更新し続けましょう。最終更新日を記載しておくと**更新が頻繁であることもアピール**できてなおよいです。

（2）「キーワードが不足」している場合はチャンス

「キーワードが不足」とは、検索から流入はしていてページのテーマと合ってもいるけれど、情報として不足しているというケースです。

例えば、債務整理のページで、「自己所有の住宅が維持できるかどうか、民事再生と破産の違い」について述べているページに、「債務整理　競売開始決定」というキーワードでアクセスされた場合です。

この場合、住宅ローンが支払えず、競売開始決定がされた人が検索している可能性があります。しかし、そのページには競売開始決定がなされてしまった段階についての解説がありません。こういう大きなテーマについては合致するものの、閲覧者が求めている小さなテーマに合致しないということはよくあります。

こういうキーワードでの検索があったらチャンスです。なぜなら、**閲覧者が知りたい情報をピンポイントで提供できれば、問い合わせや受任に繋がりやすくなる**からです。また、検索されたキーワードに対して、ページの内容が不足しているにもかかわらずヒットしたということは、その部分の解説について「**（少なくとも近隣の地域では）ライバルが少ない（いない）**」ということになります。

となると、このテーマについて個別の解説を加えることができれば、集客という観点からは非常に有効であるということになります。

繰り返しになりますが、筆者も、刑事弁護のウェブサイトで児童ポルノ事犯について解説していたところ、「児童ポルノ　自首」での流入がちらほらあることに気がつき、自首について詳しく記載したところ、アクセスや問い合わせ・受任も非常に増えた経験があります。

弁護士の需要は、本当に、想像もしないところにあるものなので、弁護士広告がうまくいっていてもいなくても、検索キーワードは定期的にチェックしましょう。思わぬヒントがあるかもしれません。

5 法律相談から考える広告の改善

❶ 法律相談は広告改善のヒントの宝庫

（1）法律相談が広告改善に繋がる理由

　広告改善のための有用な材料は、検索キーワードだけではありません。法律相談もまた、広告改善のための有用な材料です。

　検索キーワードは「どのようなトピックについて広告、解説を掲載するかのヒント」になりますが、「そのトピックについてどういう解説を書けばよいのかのヒント」になるのが法律相談の内容です。

　法律相談において依頼者は、種々の疑問を弁護士にぶつけてきます。**法律相談での質問は**、まさに相談者が知りたいことであり、**インターネット検索で相談者が入力する言葉**でもあります。

　ですから、アクセス解析で入手した検索キーワードより、もっと詳細なヒントの宝庫であるといえます。

（2）あまり意味がないと思う質問を大事にする

　法律相談をする弁護士の悩みの1つに、重要ではないこと、気にしても仕方がないことについての質問への対応があります。

　もちろん、こういう質問も法律相談においては重要です。どの質問が大事であるかどうかは、相談者にはわかりません。だからこそ、相談者は質問しているのです。ですから、こういう質問にも、弁護士としては丁寧に答えることが求められています。

　もっとも、法律相談の時間には限度もあるので、あまりそういう質問にばかり対応していると、相談者にとって本当に大事な点に話が及びません（そういうわけで、この、弁護士から見て重要ではない質問

にどの程度時間を割くか、相談者をどれくらい誘導するかは法律相談の重要なテーマです）。

したがって、法律相談でされたことのある、あまり意味がない質問については、広告の解説の中で触れてあげると、それを見た相談者が安心する可能性があります。

（3）法律相談時の質問を弁護士広告に反映する

法律相談時の質問を弁護士広告に反映するには、相談中にちゃんとメモを作ることが有効です。**質問事項を手元でメモして、あとで見直し**、その回答を弁護士広告に掲載するのです。

例えば、「訴えられたら書類はどう届きますか？」という質問に対して「特別送達という、特殊な郵便で届きます。書留のように署名を求められます」というように、解説を記載することになります。

なお、Ｑ＆Ａ形式にするのも有効的です。Ｑ＆Ａ形式は、書き方とか文章の運びに迷うことがないので、法律相談の結果を反映させるには適切で便利な形式です。

（4）相談者の「安心ポイント」を見逃さない

法律相談で、弁護士にとっては杞憂に過ぎない点・当たり前のことであっても、**伝えることで依頼者がとても安心すること**があります。筆者は、これを「安心ポイント」と呼んでいます。この「安心ポイント」を見逃さないことが大切です。

例えば、請求を検討している人より請求を受けている側、つまり、内容証明郵便や訴状を受け取っている人は非常に不安が強いです。そこで「内容証明郵便の期限を経過したからといって、直ちに交渉打ち切りになることは稀であること」「民事訴訟の『被告』は刑事訴訟の『被告人』とは違うこと」「民事裁判の敗訴は『前科』にはならないこと」などを説明すると依頼者は安心できます。

「安心ポイント」は事件類型毎に異なります。具体的な例えを出すと、債務整理において「保証人でもない限りは配偶者に請求がいかな

いこと」「破産しても戸籍などに残らないこと」「完済後の過払い金の請求では、信用情報に問題が生じないこと」などです。

　債務整理については、広告の競争が非常に激しいこともあり、広告には、こういう「安心ポイント」が列挙されています。ほかの分野でも同様に、相談者の反応をよく見て「安心ポイント」を集め、広告に活用していきましょう。

　「安心ポイント」は、相談において信用を得るポイントになるだけではなく、広告の価値も高めます。ここを押さえることで「いろいろな弁護士を比較検討したが、広告（ウェブサイトの情報）が一番安心できたので、お願いしたいと思いました」と言われることも珍しくありません。

　インターネットで豊富に情報が手に入る昨今ですが、弁護士からすれば杞憂に過ぎない不安点を抱えている人はたくさんいることを忘れないようにしましょう。

❷ さらに聞いておくといいこと

　相談以外で特に聞いておいたほうがいい事項としては、「**どうやって問い合わせにたどりついたか**」という点です。

　さらに、相談者がこちらに信頼を寄せている場合でないと難しいと思いますが、どういうキーワードで検索したのか、ほかの弁護士と比べて**自分を選んだ理由**を可能であれば聞いておくことが有効的です。

　相談者がどういうキーワードで検索したか聞くことができれば、問い合わせに繋がるキーワードをより的確に把握することができます。

　また、相談者は、問い合わせに至るまでにたくさんの弁護士広告を閲覧して比較検討していますから、相談者の「きっかけ」や最終的な判断の「決め手」は非常に重要です。

検索順位を維持するためには

❶ 検索順位が高い状態を維持したい場合

　検索順位は、弁護士広告においては言われているほど重要ではないという話をしました。相談者はたくさんの弁護士広告を閲覧し、下の検索順位のウェブページまで閲覧する傾向があります。

　上位の検索順位の中から、たまたま目にとまったものに問い合わせるのではなく、複数の、場合によっては10近い候補の中から選ぶこともあります。その場合は、わかりやすさであるとか、自分の希望・事件とピッタリと合うコンテンツの有無、弁護士との相性などが判断基準になります。そういうことで、検索順位は、集客のための唯一絶対の指標ではありません。

　もっとも、検索順位が上であるに越したことはありません。同じ内容であれば検索順位が高いほうが集客の役に立ちますし、極端に急いでいると順位が下の弁護士広告まで見てもらえないこともあります。

　そこで、ここでは検索順位の維持の方法について解説します。

❷ 検索順位の決まり方

（1）基本的なルール

　検索エンジンは、検索順位の決め方の大まかなルールを公にしています。基本的に、**有益なページほど上位になる仕組み**になっています。

　これは、検索エンジンの運営会社の立場で考えてみると、至極当然のことです。つまり、利用者は役に立つページを探しているので、そういったページが上位に来たほうが便利です。便利な検索エンジンにできれば利用者が増え、リスティング広告等の売り上げも上がります。

ですから、閲覧者にとって有益なページ、つまり、第2章で述べたようなコンテンツの作成を心がければ順位は引き上がるはずです。

　なお、細かいルールは資料や専門書を参照してください。何が何でも高順位を得たいのであれば専門業者の力を借りる必要も出てきますが、すぐに自分でできることも多々あるので、それについて筆者の経験やこれまで得た情報から説明します。

（2）心がけるとよいポイント

　心がけるべき点をいくつか説明します。

　まず、SSL 対応、つまり、**暗号化・電子署名対応のウェブサイト**（ブラウザに「鍵」のマークが出るページのこと）にすることです。検索エンジンは、このページの順位を有利に扱う傾向があります。

　次に、**スマートフォン、PC のどちらにも対応するデザイン**にすることです。閲覧者にとって閲覧しやすいですし、こういうページも検索順位で優遇されます。

　この2つについては、**ウェブ制作会社が言わなくてもやってくれます**が、昔からあるページはこの2点に対応しておらず、また、あとから対応させることはやや手間がかかるので、していないことも多いです。そうなると、後発で新しくウェブサイトを作ることは、それだけでも有利になるといえます。

　ほかに、準備書面の起案みたいな話になってしまいますが、**小見出しを設定**し、そこに注目されるキーワードを入れていくというものです。見出しの書式設定がされている部分は、検索エンジンのプログラムでも見出し（タイトル）として認識され、そこを重視して検索順位が決定されます。

　また、できる限り、**画像ではなく文章で説明**することです。検索エンジンは、画像内の文字を正しく認識できないためです。もっとも、画像を使うこと自体が問題ということではありません。文章の代わりに、文字を大量に入れた一枚絵で代替するような方法はとるべきではないということです。

❸ 検索順位のルールを気にしても仕方がない

　検索順位のルールについて概説しましたが、この分野は、非常に専門性の高いところです。実は筆者としても、どこまで把握できているか、自信のない分野です。

　しかも、検索順位のルールは**定期的に見直されています**。

　検索順位の「高さ」には経済的価値があるので、各ウェブサイトは検索順位の引き上げにしのぎを削っています。中には、リンクされている数に順位が大きく影響を受けるというので、ダミーページを大量に作ってリンクを貼るなどの物量作戦をするところもありました。

　しかし、利用者にとって有益なページを上位に表示したいと考えている検索エンジンの運営者としては、そういうページが上に来ることは望ましくありません。したがって、こういう「テクニック」は検索順位のルール変更により封じられていくことになります。

　上記のような物量作戦をしたところ、リンク数が検索順位に大きな影響を与えたということで問題になり、ルール変更で逆に順位が大幅に低下するというマイナスの結果になってしまい、ページ数が多いので削除も大変で踏んだり蹴ったりというトラブルの相談を受けたことがあります。

　そういうわけで、検索順位のルールは定期的に見直されています。ですから、これに追従することは、ウェブサイトの専門家でも非常に難しく、我々弁護士が本業の片手間でできることではありません。

　ただ、一貫しているのは、検索エンジンは有益なページを上位に持っていくということです。ですから、**読んでみたくなる・読みたい内容が書いてあるページにする**ことを心がけていれば、自ずから順位は上がっていくはずです。

　なお、SEO対策をして検索順位の向上を請け負う業者があります。このような行為自体は不正ではありませんが、前述のようなルール変更もあるのでリスクに留意して利用するべきです。

❹ とにかく更新を続けること

（1）マメな更新が検索順位の維持・向上につながる

　筆者はこれまでの経験から、事務所ホームページや専門サイトなどの内容はもちろん、更新を続けることが検索順位の維持と向上に重要であると痛感しています。

　検索エンジンが更新頻度をどれくらい気にしているかはわかりませんが、更新を続けることで内容が**最新の事情・社会の興味関心に合致していく**わけですから、検索順位を上げる観点、アクセスを集める観点からも有効であることは間違いありません。

　なお、更新の際、最終更新日の記載を忘れないようにしてください。

（2）更新が大変ならブログの活用を

　「更新が大事だ」といっても、「言うは易く行うは難し」です。更新を続けるのは意外と難しく、筆者もなかなか実践できていません。

　ただ、なるべく更新ができるようにする方法があります。それは、ブログの活用です。

　そもそも更新がおっくうになるのは、コンテンツの制作もそうですが、更新するために作文以外の作業が必要になるからです。場合によっては、ウェブサイト制作業者に費用を支払う必要もあります。一方、ブログであれば、そもそも日々投稿をするために作られたものなので、更新の作業がしやすく費用もかかりません

　ですから、**ブログと相互リンク**しておき、最新情報やコメントのような細々とした情報についてはブログを使うというように棲み分けをすることが合理的です。

　ブログで集客に繋がるか不安に思われるかもしれませんが、筆者の経験上、意外とブログ経由で相談に来られる方も多いです。ブログだとさほど肩肘張らずに書くことができ、結果「親しみを感じる」「どういう弁護士か相談前にわかる」ということで相談者の不安の除去にも一役買っているようです。

7 ネット広告のためのエゴサーチ

❶ エゴサーチとは

　エゴサーチとは、自分の名前（あるいは所属法律事務所名）で検索をすることをいいます。これにより、インターネットにおいて、自分がどのように言及されているかを知ることができます。

　自分のインターネット上の評判や誹謗中傷などの被害を受けていないかを知るために、よく行われています。

❷ エゴサーチが大事な理由と活用方法

　エゴサーチが重要な理由は、市民もおそらくあなたの名前で検索するからです。あなたに相談・依頼をしようかどうかを決めるにあたり、**あなたの名前で検索した結果を参考にする**ということです。

　そこで、否定的な内容が多数表示されれば、問い合わせや相談・依頼をするか判断するにあたって、ネガティブな要素になってしまうでしょう。「悪評が書いてあったので相談は控えよう」「依頼の決断はできないな」となり得ます。法律相談中に、「先生、ネットに○○と書いてあったのですが、本当ですか？」と聞かれることもあります。被害に遭っても、本人はなかなか気づきにくいので悩ましい問題です。

　逆によい評判があれば、ポジティブな要素になるでしょう。

　エゴサーチの結果を見て、仮に悪い評判があったとしても、直ちに削除請求することは得策ではありません（次項参照）。ですが、どういうことを言われているか把握しておくことは、相談者に質問されることもあるので大事です。ほかにも、情報提供を主としているウェブサイトについて、その影響力をチェックする効果もあります。

例えば、任意整理や破産による信用情報の影響について、ウェブサイトで解説をしたとします。それに対して、SNSや匿名掲示板で「ブラックリストについては、期間とか傾向とか、このページがわかりやすかったよ。期間の開始時点はいつからの計算になるかについても書いてあると助かるんだけど」という投稿があれば、評判になっていること、また、期間の開始時点について記載するとさらによいということがわかります。そういうわけで、定期的なエゴサーチは大事です。

　なお、自分の名前だけではなくウェブサイトの名前やURLなどで検索することも、自分が公開している**コンテンツの評判をチェックするためには有効**です。

❸ 弁護士への誹謗中傷は原則気にする必要はない

（1）そもそも弁護士は逆恨みされやすい

　エゴサーチをしていると、自分に対する誹謗中傷等、ネガティブな情報が見つかることがあります。

　これは、弁護士である以上ある程度はやむを得ない、防ぎようのないことです。弁護士として、誠実に適正に仕事をすればするほど、そういう投稿をされるリスクが上がるとさえいえます。相手方からすれば、こちら側が適正にやればやるほど、成果を上げれば上げるほど、不利益が生じることになるからです。筆者も以前、全く身に覚えがない「対応が最悪だった」という趣旨の投稿をされたことがあります。身に覚えがないので前後関係などを調べてみたところ、仮差押えがうまく成功した直後の投稿であることからも、おそらくはその債務者の投稿であろうと推定できました。

　また、弁護士がどう頑張っても依頼者の思い通りの結果にならない案件はいくらでもあります。特に紛争、それも弁護士に依頼するくらいこじれている紛争であれば、「自分が正しいから言い分が通じて当たり前だ。それがうまくいかないのは、弁護士が悪い」と思ってしまうこともあります。そうなると、適切に業務をしていても、依頼者から悪い感情を持たれてしまうこと自体は避けられないでしょう。

そういうわけで、弁護士であればネガティブな感情を持たれてしまうのはやむを得ないと思って、**あまり気負うべきではありません**。反論するなどもってのほかです。

（2）積極的な発信が悪評の影響を防ぐ

「あまり気にする必要はない」と言われても、他人から向けられる悪意というのは、気になって仕方がないものです。

特に、弁護士広告を出しているということは、インターネット経由で仕事を集めようとしているということで、インターネット上の評判はとても気になるでしょう。せっかく努力した弁護士広告が、悪評で台無しにされるかもしれないのであれば、気にするなというほうが無理でしょう。

しかし、積極的に情報発信をしていれば、こういうネガティブな情報の悪影響は受けにくくなるので、過度に心配する必要はありません。理由は次の通りです。

本書で重要性を強調している通り、情報発信を積極的に行っているのであれば、自分の氏名で検索した場合に表示されるのは**自分のウェブサイトや投稿**ばかりとなります。少なくとも、検索の上位はそれで占められます。

さらに情報発信を続けていると、そのうちマスコミの取材を受けるなどして、マスコミのウェブサイトにも名前が掲載されることになります。そうなると、一過性の**悪口のような投稿は検索順位も下になりやすい**ので、「見えにくくなる」「見えなくなる」ことが期待できます。

また、ネガティブな情報を閲覧されるとしても、自分についての良い情報がほかにたくさんあれば、額面通り受け止められることも少なくなります。

本書でこれまでも指摘している通り、一般市民にとって、弁護士に依頼すること、相談や問い合わせをすることさえ、人生の一大事です。となると、いろいろなページを閲覧することになります。感情的な悪口の類いよりも、弁護士自身が丁寧に書いた記事のほうが信用される

ので、結局、ネガティブな情報の影響は限定されます。

　悪影響が絶対にないとはいえませんが、その程度のものだと理解しておくといいでしょう。

（3）反論は基本的に悪手

　弁護士に限りませんが、ネット上の誹謗中傷・悪口の類いに反論することは基本的に悪手です。

　中傷等を書かれることによる被害は、弁護士の評判低下、第三者すなわち潜在的相談者にそれを見られ、問い合わせ・相談・依頼を躊躇われてしまうことです。

　ですが、加害者の希望は弁護士の評価を低下させ邪魔をすることだけではなく、それを弁護士に読んでもらい不快になってほしい、不安を覚えてほしいというものもあります。筆者はネット投稿者の弁護をすることも多いのですが、その経験からも、被害者（弁護士）に読ませることに重点が置かれていることのほうが多いと言えます。

　加害者の中には、わざわざ第三者を装って被害者に「大変ですよ！ネットにこんなこと書かれていますよ！」なんて教えに来る人すらいるくらいです。

　被害者からすれば第三者に読まれることが損害ですが、加害者の一番の望みは**被害者に読んでほしい**というものなのです。

　さて、反論をするということは、問題の投稿を読んでいますよ、それどころか気になっていますよと、加害者に教えてあげるようなものです。また、それを見た第三者が面白がって攻撃に参加するリスクもあります。加害者が１人であれば、実害は大したことはないのですが、複数になると大変です。

　これも筆者が弁護してきた経験に基づく話ですが、投稿の加害者の大半は、被害者と面識も利害関係もない、それどころか恨みも特にあるわけでもないということがほとんどです。それなのに、なぜ投稿による加害行為に及ぶのかというと、「たくさん叩かれているのを見て、悪い人だと思ったので加勢した」「中傷を投稿している画面の向こう

の仲間たちと、一緒に頑張っているような充実感が得られた」などの動機です。

　そういうことで、反論は**加害者にエサを与える、加害者を増やすということになる**ため、基本的に悪手です。なので、対策としては、基本的には無視でいいでしょう。もっとも、あまりにもっともらしいデマを流され、影響が出ている（悪影響を実感することは難しいのですが、例えば、相談者、依頼者等から投稿について尋ねられるようになると、実害が生じていると言えます）のであれば、削除請求か反論を検討するべきです。

　なお、反論のコツですが、当たり前ですが、匿名掲示板で中傷されたからといってそこに書き込んで反論をしてはいけません。

　問題の投稿について、特定せず抽象的かつ概括的に「○○というような投稿がありますが、そのような事実はありません」と反論することが炎上を防ぐコツです。

　なお、インターネットへの誹謗中傷の投稿については、近時、弁護士への新たな業務妨害の類型として問題になっています。あまりに酷い場合、現実（事務所等）へのいたずらなどに繋がっている場合であれば、所属会の弁護士業務妨害対策を担当する委員会に相談してもよいでしょう（なお、筆者が所属する第二東京弁護士会においては、弁護士業務妨害対策委員会という専門の委員会が存在します）。

ネット広告と
問い合わせ対応

受任に繋がらないと
意味がない

❶ 弁護士広告の目的

（1）弁護士広告の目的はアクセスでも問い合わせでもない

弁護士広告の目的は何でしょうか。

多くの人に見てもらうことでしょうか。しかし、何万件のアクセスがあっても、問い合わせに繋がらないのであれば広告としての成果があった、とは言いにくいでしょう。

それでは、問い合わせでしょうか。確かに、弁護士広告を見て問い合わせをしてもらえる、それは広告の成果です。ですが、問い合わせ対応をしただけでは、事件の受任に繋がりません。さらに、売り上げにも繋がりません。

もっといえば、問い合わせ対応そのものは売り上げに繋がらないだけではなく、対応コストがかかります。ですから、問い合わせを得ること自体は目的でない上、コスト要因でもあります。

（2）弁護士広告の最終的な目的は「受任」

弁護士広告の目的は**事件の受任であり、アクセスや問い合わせは、その前のステップに過ぎない**ことは、しばしば広告会社からも看過されています。

筆者の経験上、広告会社は、広告掲載を勧誘するときにアクセス数ばかりを強調します。もう少ししっかり調べている会社だと問い合わせ数も強調しますが、受任の見通しについては詳しく述べません。

広告会社がそれを知ることは難しいのでしょうが、それでも、弁護士広告にとって「受任」が最重要の問題であることを把握できている

広告会社はほとんどありません。

❷ 弁護士広告のコストとその本質

（1）弁護士広告のコスト

　ここで目的から視点を変えて、弁護士広告のコストについて検討してみることにします。

　弁護士広告のコストで、第一に浮かぶのは、広告会社に依頼した場合の支払い、もしくは、自分でやった場合のサーバーレンタル費用などの支出です。また、写真をカメラマンに頼むなどでも別に費用がかかるでしょう。ポータルサイトに掲載を頼む場合の月額費用もコストです。

　そして、弁護士広告のコストは、こういった金銭だけではありません。広告の文章は弁護士が作成する必要があります。広告会社に依頼するとしても、最終チェックは弁護士がする必要があります。本書で繰り返し指摘している通り、広告における文章は法律相談の応用で、一番適切にできる弁護士が作成することが望ましいです。

　文章作成、更新や効果の測定などの弁護士の労力も大きなコストです。

（2）問い合わせ対応もコストである

　問い合わせそのものは売り上げに繋がりません。また、問い合わせには、無料で対応する必要があります。そうなると、**問い合わせに対応することもコスト**であるといえます。

　まとめると、広告実施のための経費、弁護士が関与することによる労力、そして、問い合わせに結びついた場合の問い合わせ対応、これらが弁護士広告のコストになります。

（3）弁護士広告のコストの本質

　弁護士広告は、以上の総コストを使っていますが、物販と異なり、広告を見て直ちに購入ボタンを押してもらえるという関係にはありま

せん。弁護士広告は、依頼ではなく問い合わせまでを決断してもらえるに過ぎず、直接依頼を獲得する力は持っていないのです。

　すなわち、弁護士広告は、上記の総コストと引き換えに問い合わせを得ている、つまり、弁護士広告のコストは問い合わせの対価であるといえます。

（4）広告よりも問い合わせ対応が大事

　弁護士広告の最終目的である受任を達成するためには、せっかくのコストと引き換えに得た問い合わせに適切に対応することが必要です。

　弁護士広告の最終目的が受任である以上、**問い合わせ対応は弁護士広告と同じか、それ以上に重要**であるということになります。

❸ 問い合わせ対応の失敗にも要注意

　問い合わせ対応においては、「受任ができない」というある意味消極的な失敗だけが問題になるわけではありません。「問い合わせ対応で不要なコストを費やしてしまう」あるいは「トラブルに巻き込まれてしまう」という積極的な失敗もあり得ます。

　筆者は、弁護士広告についての相談を弁護士から受けることもよくあるのですが、結構な割合で「広告でちゃんと成果が上がるかどうかも心配だが、どんな人が問い合わせてくるのかも不安だ」という相談もあります。

　問い合わせ対応を誤ると、受任ができないだけではなく、**誹謗中傷などの被害**に遭ったり、甚だしくは**弁護士会に苦情**が寄せられたり、**懲戒請求**を受けたりするなど、積極的な損害を被ってしまいます。これは、問い合わせを受任に繋げることと表裏一体ですので、本章で詳しく解説します。

2 多くの弁護士が失敗している 問い合わせ対応

❶ 問い合わせはあるのに、受任に繋がらない

　筆者がこれまで受けた相談の中には、「広告の効果が上がらないことについて悩んでいる」という話も多いです。

　ほかの弁護士に相談するほど弁護士広告を「頑張っている」のであれば、「反響さえない」ということは珍しいのではないかと思います。また、お金を払ってリスティング広告を実施すれば、少なくとも興味関心のある人から一定程度のアクセスを確保することは、不可能ではありません。

　そこで、詳しく話を聞いてみると「費用対効果が釣り合わない」具体的には「問い合わせが来ても、受任に繋がらない」と言うのです。

　単に「広告の効果が上がらない」「広告を出したけれど全然反響がない」とかいう話は実は少数です。

　「問い合わせが受任に繋がらない」「相談にすら繋がらない」という問題のほうが弁護士広告において頻出なのです。

　筆者も、いろいろと弁護士広告を実施したことで問い合わせは増えたけれど、受任が増えないという時期がありました。徐々に改善していったのですが、それまでは次で指摘するような問題が生じていました。

❷ 「ちょっと聞きたいんですけど……」に付き合わされる

　弁護士広告のコストには問い合わせ対応も含まれるため、問い合わせ対応から相談や受任に繋がらないということは、コストを無駄にしているだけではなくて、むしろ、問い合わせがある分コストが増える

ということです。

　本来得られたプラスを失うだけではなくマイナスが増大するので、むしろ、弁護士広告の反響がない、鳴かず飛ばずのほうがマシということになります。

　また、「相談に進むかどうか微妙な案件で、相談に繋げられない」というのではなく、そもそも相談する意思が皆無な問い合わせが厄介です。「ちょっと聞きたいんですけど……」という電話の対応に延々と付き合わされ弁護士が消耗するという問題です。

　こういう問い合わせに使うリソースを節約しながら相談に繋げることが、弁護士はもちろん、問い合わせをする利用者にとっても有益です。

　この、相談に繋がらない「ちょっと聞きたいんですけど」への対応は、弁護士広告をする弁護士共通の課題（悩み）ですので、本書では特に詳しく解説します（本章8節・137頁、9節・141頁参照）。

ネット経由の問い合わせは
危険がいっぱい

❶ ネット経由の問い合わせが危険な理由

　ネット経由の問い合わせに「どういう人が来るかわからない」「信頼関係が築けるか不安」等の理由で、拒否感を持つ弁護士は少なくありません。

　そして、その不安は概ね、間違いありません。ネット経由の問い合わせには危険がいっぱいあります。

　時間を無駄にしたり不愉快な思いをしたりするだけではなく、ネット上での誹謗中傷の原因になったり、甚だしくは懲戒請求の原因になったりする等の危険があります。

　もちろん、こういう危険はネット経由の問い合わせに固有のものではありません。どんな問い合わせにも、たとえ紹介者がいたとしてもこういうリスクは常に存在します。

　もっともネット経由の問い合わせは、ほかの問い合わせと比べてリスクが高い（危ない問い合わせが多く含まれる）のも現実です。その原因は、ネット経由だと顔が見えず声もわからないので、**悪いことをする心理的なハードルが低い**ことにあります。

　筆者はネット上のトラブルを多数扱っていますが、ネット上だと、嘘をつく、嫌がらせをするといった悪いことへの心理的なハードルが非常に下がります。

　例えば、ネット上で脅迫であるとか、誹謗中傷、デマの拡散を繰り返していた犯人を特定すると、犯罪はもちろん違法行為とも無縁そうな一般人で驚いたということは珍しくありません。

　そういうわけで、ネット経由であると、気軽に違法行為をされるリ

スクがあります。そこまでいかなくても、例えば嘘をつくとか、偽名を名乗られるとか（後に解説しますが、珍しいことではありません）、受任や相談を断ったら逆恨みされるとかは、珍しいことではないのです。

　問い合わせ対応も弁護士広告のコストであると説明しましたが、こういうリスクへの対応、**被害に遭うこともコスト**です。

　コストを抑えて合理的な弁護士広告を実施するには、問い合わせ対応で相談や受任に繋げるだけではなく、無益ないし危険な問い合わせをうまく回避することが大事です。

❷ 問い合わせに潜む主な危険

　まず、一番多いのが、相談や受任を断って逆恨みされ、中傷等の攻撃をされるというものです。

　詳しくは本章7節（135頁）で解説しますが、基本的に、弁護士は依頼について**拒否の自由はありますが、その旨を連絡する必要**があります（基本規程34条）。つまり、変な問い合わせだから無視すればいいという簡単な問題ではありません。この点が、問い合わせ対応の最も悩ましいところです。

　また、メールで少し回答したところ、**回答が転載**されてネットで一人歩きし、それを見た全く知らない人から「その通りにしたのにどうしてうまくいかないんだ、責任をとれ」と言われるなど、にわかに信じがたいことも起こり得ます。

　あるいは、他人になりすまして相談をするとか、匿名で相談をしてくるとかもあります。これ自体は危険ではなさそうに思うかもしれませんが、そういう嘘をつくことに抵抗のない人に関わるとトラブルに巻き込まれるリスクがあります。

　リスクを列挙するときりがありませんが、ある程度共通した対処方法があります。それらについては、本章5節（131頁）以降で解説します。

❸ 過度に恐れる必要はない

　脅かすようなことを書いてしまいましたが、ネット経由の問い合わせについて過度に恐れる必要もありません。

　相手方にはいろいろな人がいます。弁護士をやっていれば、危険な相手方が出てくることを経験するのは通常のことです。

　弁護士としては、依頼者は選べても相手方は選べませんから、そういった場合に適切に対応することも弁護士の基本的なスキルであると考えられています。

　そう考えると、ネット広告により危険な人が問い合わせをしてくることも弁護士にとっては特別なことではありません。

　また、ネット経由の問い合わせはリスクもありますが、一方で、それはネット経由の問い合わせ固有の問題ではありません。

　結局、弁護士にとって問い合わせ対応において危険を回避するのは必須のことですし、それはネット経由の問い合わせに限られません。むしろ、**ネット経由の問い合わせにおける注意点をほかの問い合わせ対応においても応用**しようとする位の気持ちが大事でしょう。

利益相反に注意

❶ 利益相反の定め

　弁護士には、利益が相反する事件の受任を禁止する定めがあります（弁護士法 25 条、基本規程 27 条・28 条）。

　弁護士は交渉や紛争を取り扱っています。依頼者からすれば、全幅の信頼を置いて弁護士に依頼しているわけですから、相手方つまりは敵となんらかの関係がある場合「裏切られた」と感じ、弁護士への信頼を失いかねないのは当然のことです。利益相反があると、弁護士の職務の公正に対する信頼も損ないかねません。

　そういうことで、利益相反の定めは、弁護士倫理の基本中の基本です。法科大学院の課程、司法試験予備試験、そして登録後の倫理研修においても、利益相反は頻出のテーマです。

　利益相反の定めはいろいろとありますが、特に問題になるものを大きく分けると、事件単位の利益相反（弁護士法 25 条 1 号・2 号、基本規程 27 条 1 号・2 号）と人単位の利益相反（弁護士法 25 条 3 号、基本規程 27 条 3 号）の 2 つです。

　前者については話はシンプルであり、要するに、法律相談や依頼を受けているのに、その相手方、つまりは**敵から相談・受任をしてはならない**というものです。これは禁じられるのは当然であり、あまり悩ましくないと思います。

　後者は少しややこしい（そして広い）のですが、要するに、現在、**敵方にある人から、自分の依頼者とは関係のない別の事件を受任等することを禁じている**ものです。別件とはいえ、敵から事件を受任しているのは信頼関係を損ねかねません。

❷ 弁護士広告をした場合は利益相反の問題が重要

　利益相反のチェックは、弁護士広告固有の問題ではありませんが、ネット上の弁護士広告においては必然的に問い合わせが増えますし、そうなると、利益相反が生じる可能性が増えます。

　また、専門サイトを開設している場合、**その分野を行う弁護士がさほど多くないと、やはり利益相反が生じる可能性が増えていきます。**

　筆者も、ペット問題、ネット上の表現トラブルにおいて利益相反が生じ、断らざるを得ないことが何度かありました。

　ついては、依頼者・相手方の相談・受任リストを作って事務所で共有するなど、チェックを励行するべきでしょう。

　なお、少なくとも交渉・訴訟になっているのだから、相手方本人も自分が相手方弁護士であることは知っていて、まさか相手方から相談がくることはないだろうと思われるかもしれません。ただ、中には、交渉過程の書面をほとんど依頼者に見せない（筆者は不適切だと思いますが、この是非については本書のテーマを外れるので詳しく述べません）弁護士もいるようで、そうなると自分が相手方弁護士であることを知らないまま相談されるケースもあり得るので油断は禁物です。

❸ 利益相反問題の各論点

（1）問い合わせ時点で利益相反の対象とするべきか

　基本規程27条1号は「相手方の協議を受けて賛助し、又はその依頼を承諾した事件」について「その職務を行ってはならない」（同柱書本文）と、2号は「相手方の協議を受けた事件で、その協議の程度及び方法が信頼関係に基づくと認められるもの」についても職を行うこと、つまり受任や相談をすることはできないと定めています。

　ここで問題になるのは、問い合わせを受けただけでこれらに該当するのか、つまり、問い合わせを受けた事件については相手方からの相談を受けられないのかという問題です。

　これについては、いずれも該当しないと考えられます。というのも、

職務基本規程上は「賛助」「依頼を承諾」「協議を受けた事件で、その協議の程度及び方法が信頼関係に基づくと認められるもの」という要件が定められています。問い合わせを受け、断っただけでは、**これらに該当しない**ことは明らかです。ただし、断り方によっては(2)の問題が生じる可能性、(3)で述べるような守秘義務上の問題が生じる可能性もあるので、その点は注意が必要です。

（2）断る場合に理由を告げる必要はあるか

基本規程 34 条は依頼の諾否の通知を弁護士に義務づけていますが、理由の通知までは義務づけていないため、断る際に理由を告げる必要はありません。断り方については本章 7 節（135 頁）で解説します。

なお、断る場合に、反感を買わないように法的助言や法的手段を案内することもあり得ますが、これは「協議の程度及び方法が信頼関係に基づく」とされるリスクが生じるので**避けるべき**です。

（3）守秘義務にも注意を払う

問い合わせだけでは利益相反の受任制限の対象にはなりませんが、**問い合わせ時にもらった情報は守秘義務の対象**になり得ます。

ネット上で弁護士広告をしていると、同じ人物が相手方になる事件（1 人が多数に請求していたり、多数が 1 人に請求する事件）について、複数の問い合わせを受けることがあります。

弁護士の守秘義務は、依頼者はもちろん（これは解釈上の争いがありますが）相手方や関係者についても生じる場合があります。親切心から、不用意に相手方が共通する事件について情報を教えてしまいそうになりますが、守秘義務上の問題が生じるので注意しましょう。

筆者も、「○○弁護士から、この人（相手方）は基本的に条件○○で和解するって教えてもらいましたが、本当でしょうか？」みたいな相談を受けて驚いたことがあります。譲歩する情報が流れるとなると、守秘義務の問題だけではなく交渉が難しくなるなどの事件処理上の問題も生じるので、特に気をつけるべきでしょう。

5 偽名・「なりすまし」相談に注意

❶ ネットの問い合わせは嘘へのハードルが低い

3節でも触れましたが、とにかくネット上の問い合わせで問題なのは「嘘をつかれるリスクが相当に高い」ことです。

ネット上の、もっといえば文字によるコミュニケーションにおいては、嘘をつくハードルが相当低いように感じます。

筆者は、ネット上の表現トラブルをよく取り扱っていますが、普段は、人を騙すとかいったこととは一切無縁に思えるような普通の人が、ネットでは息を吐くように嘘をつくことは珍しくありません。

面と向かって嘘をつくことは、態度や声の調子などで嘘を見破られるかもしれないというリスクがあります。しかし、ネットの場合や文字によるコミュニケーションの場合は、そういうリスクがありません。そのため、「**問い合わせ時点で嘘をつかれているかもしれない**」というリスクは意識する必要があります。

❷ 相談者がつく嘘

まず、事件内容についての嘘をつかれる、というものがあります。

この問題は、通常の法律相談でも頻出です。対応策も特別なものではなく、受任に際しては、言い分を前提とした弁護方針であることを依頼者に確認する、場合によっては、契約書に盛り込むなど書面化するというものです。そもそも受任に際しては、メールだけではなく面談等により法律相談を実施するので、この問題は、弁護士広告経由の受任に固有の問題ではありません。

実際に多いのは、**偽名やなりすましによる相談**です。

いきなり弁護士に名前を告げて相談するには抵抗がある場合に、偽名を名乗ることが多いようです。また、変わったケースとしては、当事者本人が弁護士に相談する決断ができないので、その本人の親族が当事者の名前を名乗って相談をするケースもあります。

ほかにも、初回無料相談を繰り返すために偽名で相談するとか、あるいは、嫌がらせ目的で嫌がらせのターゲットの氏名とメールアドレスを名乗ってむちゃくちゃな相談をするものもあります。

❸ 予防策・対応策

❷のような問い合わせは、弁護士が対応に無駄なコストを使って消耗するという問題、利益相反のチェックを正確に行えなくなってしまうという問題があります。

予防策としては、問い合わせフォームの**住所氏名の記載を必須**にすること、その注意書きを記載する方法があります。偽名はともかく、**偽の住所はなかなかハードルが高い**です。なので、そういう記載欄があるだけで、偽名の問い合わせを相当程度防げます。仮に、記載欄が埋まっておらず「匿名希望」などと書いてあれば、「正確な住所氏名をお知らせください」と伝えるような対応が適切です。

そもそも弁護士が適切に相談を受けるためには、ちゃんと真実を話してもらうことが必要です。名前等を正確に話さない問い合わせ者は、それだけで相談や受任に繋がらない、受任してもトラブルにしかならないわけで、「受任が不適切である」と判断できます。

ですから、匿名・偽名でないと相談したくないという「ニーズ」については、対応しなくても問題はありません。むしろ、弁護士だけではなくて問い合わせ者のためにも対応するべきではないといえます。

なお、名乗りたがらない問い合わせ者から、「どうして住所氏名が必要なのか」と聞かれることがあります。これについては、「相談の秘密や相談者の利益を適切に守るために利益相反のチェックが必要であること」「弁護士のためだけではなく相談者のためにも必要であること」を説明すれば、ほとんどのケースで納得してもらえます。

匿名相談にも要注意

❶ 匿名相談は意外と多い

　ネット上で弁護士広告を実施すると、意外なほど匿名の問い合わせ、相談に遭遇します。メールで来ることもありますが、電話でも、とにかく名前を名乗りたがらない問い合わせは頻出です。

　このような問い合わせに答えるのはリスクしかありませんが、慣れていないとついつい親切心から答えてしまうので、**予めそういう相談がくること、名前を聞くことの励行を事務局に指示しておくことが必**要です。「利益相反等の確認のため、氏名を教えていただく必要があります」と答えるように指示しておくことなどが適切でしょう。

　変わったところですと、「（人名）を追及する者」とかのハンドルネームで問い合わせをしてくる人もいます。このような問い合わせには、なおのこと安易に答えるべきではありません。

❷ 匿名相談に答えてもリスクしかない

（1）失うのは時間だけではない

　そもそも名前すら名乗らない場合、**すぐに聞ける答えしか望んでい**
ないケースが大半です。わざわざ法律相談をする意思がないので、相談や受任にはほぼ繋がりません。

　匿名での問い合わせについては、「ちょっと答えるだけならいいのではないか」という考え方もあり得ます。筆者も最初はそのように考えていましたが、次のようなリスクがあるため、現在は「氏名が確認できないまでは答えない」方針としています。

（2）匿名相談に答えるリスク

　まず利益相反や守秘義務の問題があります。どこの誰かわからないので、利益相反の案件を避けることができません。

　さらに、問い合わせ者とのトラブルになりやすいです。匿名相談はすぐに聞ける内容しか求めていませんが、弁護士が一言述べて解決する問題はそうそうありません。無理に回答すれば誤った回答になります。また、詳しく事情を聞こうとしても「○○だけ答えてほしい」と強く希望され、「それではできない」と案内すると怒り出す人もいます。匿名という状態は、人を無責任に、そして攻撃的にします。こちらは実名を出しているので、一方的にリスクを負うことになります。

　最近多いのは、**回答をすると都合よく切り取られ**、質問・問い合わせ部分も改ざんされて、ネットに自分の名前付きで出回ることです。自分が誤った回答をした印象の事実が流布され、大迷惑です。

　また、「何らかの紛争の当事者について、ネット上で一方当事者に味方して支援者同士でトラブルになっている」という場合に、その紛争に巻き込もうとしてくる人もいます。「○○って行為は問題ですよね！？」みたいな問い合わせ・質問をしてきて、問題だと答えると「○○弁護士も（人名）の行為は問題だと言っている！」などと、まるで議論に参加し、片方の陣営に加わったかのように投稿されてしまうのです。❶で例に挙げた「（人名）を追及する者」などのハンドルネームの問い合わせ者は、このパターンが多いです。

　要するに、弁護士をただで、同意もなく紛争に巻き込むもので、それにより弁護士が攻撃の対象になることもあります。あたかも「鉄砲玉」のように使われるわけです。

　「そんなこと本当にあるのかな？」と思われるかもしれませんが、筆者のネット上の表現トラブルの弁護の経験上も、「当事者でもないのに、支援者同士で争って訴訟になる」ことは珍しくありません。

　ネット上で弁護士広告を出すには、このような「紛争の当事者を差し置いて支援者同士でもめ、それに弁護士を巻き込もうとするネット特有の空気」があることを認識しておくことが必要です。

7 応答しないとまずいことになる

❶ 受任の義務や断った理由を告げる義務はない

弁護士は、事件の依頼について、これを受任する義務を負いません。これは、司法書士（司法書士法 21 条）や医師（医師法 19 条 1 項）と異なるところです。また、受任の拒絶について、**理由の説明の義務もありません**。

弁護士は紛争を取り扱いますし、明らかに「無理」な請求について依頼を受けるのは問題がある（基本規程 14 条・21 条・31 条）ことから、受任の義務がないことは自然なことです。

❷ 諾否の返事の義務はある

弁護士は、受任の義務はありませんが、依頼を受けた場合、諾否については速やかに通知する義務があります（基本規程 34 条）。その趣旨は、依頼者が速やかに次の弁護士を探せるようにするため、ほかの弁護士に依頼する機会を失わせないためと考えられています。

ですから、**無茶な依頼、極論イタズラに近いものであっても断りの連絡をする必要**はあります。

なお、これについて、事件の依頼ではなく相談の依頼については諾否の応答義務はないのではないか、また、真摯ではない依頼についても同様に義務はないのではないかという議論があります。

この点について、相談であっても、これを放置するのはほかの弁護士を探して依頼する機会を奪うことに変わりはないことから、やはり、断りの連絡を入れる必要はあると思われます。

また、真摯ではない依頼について、これを区別するのは難しい（別

冊自由と正義「解説 弁護士職務基本規程（第3版）」115頁）ことから、これも拒否の連絡をするべきでしょう。

　なお、問い合わせの文面が一見して依頼であるのかどうか理解不可能であるとか連絡先がわからない場合は、もちろん連絡をする必要はありません。

❸ 対応に困る問い合わせは意外と多い

　ネット上で弁護士広告をしていると、対応に苦慮する問い合わせに遭遇することがあります。秘密結社に追跡されて監視されている等、弁護士で対応困難なものもあれば、法律問題であっても、いきなり膨大な資料を一方的に送りつけて、「相談に行くので事前に検討しておいてほしい」と言われるなど、信頼関係の形成が難しいものもあります。

　弁護士には諾否の応答義務がある一方で、受任義務も拒絶の理由説明義務もないので、このようなケースでは「当職においてお力になることは難しいと判断しました」等、極力シンプルかつ速やかに断りの連絡を入れておくことが適切です。

　また、拒絶の理由について説明を求められることはありますが、説明することがかえってトラブルになりますから、「方針が合わない」「役に立てる自信がない」以上の**詳しい説明はするべきではありません**（そもそも断られて執拗に理由の説明を求める、怒りを示すような人の依頼は怖くて受けられません）。

　資料を送られた場合、返送することになりますが、その前に**写真を撮るなど**して、紛失した、戻ってきていないなどの苦情に備えることも重要です。

8

相談にも受任にも繋がらない問い合わせの見分け方

❶ 相談意思のない問い合わせは多い

（1）相談意思のない問い合わせはコスト

　ネットに限らず、弁護士広告を始めると最初に対応に悩まされるのが、相談意思のない問い合わせです。

　これは、要するに「ちょっと聞きたいだけ」で、事情については自分が希望する以上は説明する気は一切ない（自分が話したいことだけ話し、弁護士からの質問には応じたくない）、自分がしゃべったことだけから即時に答えを出してほしいというようなものです。

　このような問い合わせは、弁護士からすれば純粋なコストに過ぎません。対応に時間を使いますし、対応したところで売り上げに貢献しないからです。ですから、こういう問い合わせは素早く見分けて、**「相談をするのか、しないのか」**決めてもらい、話を打ち切ることが重要です。

（2）弁護士のためだけではなく問い合わせ者のためになる対応

　「相談に繋がらないのであれば打ち切る」というと「売り上げに貢献しないのであれば、相手にしないのか。それは冷たいんじゃないか」「商業主義である」という誹りを受けるかもしれません。

　ですが、これは誤解です。実は、この対応が問い合わせ者の真の利益になるのです。

　そもそも、「弁護士はその場で質問に答えるだけにしてほしい」と問い合わせてくる人は、基本的には何らかの不安や問題を抱えています。弁護士であれば常識ですが、そういう不安や問題に適切な答えや

助言を提供するためには、正確で詳細な事情を把握する必要があります。

　そして、正確で詳細な事情を把握するためには、一方的に、相談者に言われた事情、提供された事情（相談者が言いたいこと）だけではなくて、こちらからも疑問点を質問して事情を明らかにする必要があります。

　弁護士であれば経験したことがあると思いますが、相談者が話していない、こちら側が聞かなかった事情が決定的な要因となって、事件の趨勢が決まることがあります。問い合わせの時点では、言いたいことしか言わず、本当に大事な（そして、しばしば不利な）事情については、話が及ばないことも多いのです。

　筆者の経験でも、相談者が言わないことこそが事件の中核であることはよくありました。筆者は、債権回収等を完全成功報酬でやっていたことがありますが、そうなると、借用書の存在だけをアピールし、事前に贈与の反論や弁済の抗弁が出ていることは黙っているというようなケースがしばしばありました。問い合わせをする人・相談者は、自分にとって不利な事情はなんとなくわかっており、そこについてはなかなかしゃべってくれないものです。

　ですから、「ちょっと電話で聞きたいだけ」に安易に対応すると、**結果として、不適切なアドバイス**になることもあります。責任を問われかねないですし、問い合わせ者のためにもなりません。

❷ 相談に繋がらない問い合わせの見分け方

　ここでは、相談に繋がらない問い合わせを見分けるポイントを紹介します。

　この要素があれば絶対に相談に繋がらないとかそういうことではありませんが、要素が複数あった場合は法律相談を勧め、それができないのであれば「この場ですぐに回答はできない」と告げて打ち切るべきでしょう。

（1）名乗らない

　名前を聞かれても答えないとか、メールやメールフォーム等で名前の記載欄があるのに「匿名希望」などとある場合には、相談をする意思が低いことが多いです。ただ、電話については、電話問い合わせで名乗る習慣がない人も多いので絶対ではありません。

（2）「ちょっと聞きたいだけ」と言う

　「ちょっと聞くだけ」以上の意思がない、つまり、弁護士からの事情の確認に応じる意思が低く、同じく相談に結びつきにくいです（もっとも、10節で解説するように、相談に繋げられる可能性のある問い合わせもあります）。

（3）法的手段を特定している

　「個人情報保護法違反で刑事告訴したい」「債務者には他にも財産があるが○○だけを差し押さえたい」「勤務先に訴状を送達したい」などのような問い合わせの場合、「弁護士に相談をせずに自分でやりたい」ので「手っ取り早いやり方」を聞きたいだけ（そんな都合のいいものはありもしないのですが）ということが多くあります。

（4）友人や家族の事情を相談してくる

　そもそも代理相談では事情は聞き取れないですし、相談者に依頼意思を生じさせても、当事者本人が合意しないと受任に繋がりません。こういうケースでは、「**当事者本人から事情を聞かないと、正確なアドバイスができない**」と断ることが適切です（もっとも当事者本人に特別な支援が必要なケースなど、相談に乗るべきケースはあるかもしれません）。

　なお、筆者は児童ポルノ法違反の事件についてもよく取り扱っているのですが、やはり、事案の性質上、気後れして相談できず「友達のことなんですが」と相談を受けることがあります。こういう場合、「友達のこと」にしては妙に詳しく知っているなどから、なんとなく本人

のことなんだろうな、ということはわかります。

　これは特殊事情ですが、相談に気後れしそうな案件については、こういうこともあると頭の片隅に置いておくほうがいいかもしれません。

　また、少し変わったパターンとして、親族や友達ではなく全くの第三者が相談をするケースがあります。例えば、AさんとBさんとがトラブルになっていて、そのどちらが正しいのか、法的にはどうなのかとCさんがたずねてくるような問い合わせです。

　そもそも赤の他人の話ですから相談も成立しようがなく、もちろん受任にも繋がりません。加えて、その第三者間のトラブルに巻き込まれるリスクがあり無駄どころかマイナスになりかねないので、相手にするべきではありません。

（5）予告もせずに大量の資料を送る、長文問い合わせをする

　相談には繋がるかもしれませんが受任には繋がりにくいです。また、受任後のトラブルも生じがちなので警戒が必要です。

　そもそも、いきなり膨大な資料を送られても、こちらとしては検討が困難です。ですが、送った側からすれば事前に検討してもらって当然という認識です。その認識のずれがトラブルの原因になります。加えて、こういうケースでは、問い合わせ文をコピーアンドペーストして大勢の弁護士に片っ端から同様の内容の問い合わせをしていることもよくあります。この点からも、相談や受任に繋がりにくい類型であるといえます。

9 相談にも受任にも繋がらない 問い合わせを減らす方法

❶ 相談や受任にも繋がらない問い合わせはコスト

前述の通り、弁護士広告のコストは、それを実施するコストだけではありません。弁護士広告の結果生じる問い合わせに対応する時間等もまた、弁護士広告のコストです。

問い合わせ対応もコストであることは、自分はもちろん、アソシエイトにもしっかりと認識・理解してもらう必要があります。

実際に問い合わせを相談や受任に繋げる方法については次節で解説することとし、ここでは問い合わせ者の性質や背景事情から、相談や受任に繋がらない問い合わせを減らす方法について解説します。

❷ 相談や依頼をする問い合わせ者は真剣である

弁護士や弁護士会がいくら「お気軽にご相談を」とアピールしても、市民からすれば、そう簡単に相談をする気持ちにはなれません。

弁護士に相談するなんてことは滅多にないことです。一生経験しないことだって珍しくありません。

また、紛争というのはそれだけでストレスのかかることであり、紛争について事情を人に伝える、説明する、質問する、相談することもまた、非常にストレスのかかることです。法律相談は、相談者にとって負担の大きいものであることを念頭に置く必要があります。

逆に「具体的に法律相談をしたい」という希望を持った問い合わせは、**それなりに手間をかけるつもりがある、真剣である**といえます。

「真剣ではない」というと言い過ぎかもしれませんが、「ちゃんとしていない」問い合わせを排除することで、相談や受任に繋がらない問

い合わせを少なくすることは可能です。

❸ 具体的な工夫

　一番手っ取り早いのは相談料を設定することです。もちろん、事務所経営上、１時間１万円の相談料ではペイしないこともあるでしょう。ですが、利益にならなくても、**相談料が一種のハードル**になって、相談や依頼する意思が皆無の問い合わせを減らすことができます。

　ただ、そうはいっても、分野によっては無料相談をしたいこともあるでしょうし、お金を扱う手間暇もあります。また、この方法では、「相談じゃない、タダで聞きたいだけ」という問い合わせを減らすこともなかなか困難です。

　そこで、問い合わせに際して次のようなハードルを設定する方法があります。

　例えば、電話ではなく**メールフォームでの問い合わせ**を推奨する、そして、メールフォームには氏名・住所・相談内容などを詳しく書く**記載欄を設ける**という方法があります。電話だと「ちょっと聞きたいだけ」みたいな電話への対応が必要になりますが、メールフォームだとそのような問い合わせはかなり少なくなります。

　筆者の経験上も、**メールフォームからの問い合わせは基本的に真剣な問い合わせが多く**、大部分が法律相談や受任へと繋がっています。逆に電話による問い合わせは、もちろん相談や受任に繋がる案件もありますが、とにかく今すぐ聞きたいというだけで相談の予約は入れたがらない傾向が強いです。中には、たまたま時間の都合がよくて、その場で詳しく答えたこともありましたが、結局、後日の相談や受任にはほとんど繋がりませんでした。

　「困っている」などと電話口で聞くと、ついつい答えてしまいますが、弁護士にとってメリットはありません。それだけではなく、そもそも問い合わせ者にとっても真の解決に結びつかないなどのデメリットがあります。

　問い合わせ時にフォームの記載欄を埋めてもらうなど、一定の作業

を問い合わせ者にもしてもらうというハードルを課すことで、相談意思のない問い合わせを減らすことができます。

　ハードルといいましたが、そもそも弁護士に相談をするというのは、それなりのハードルがあります。ですから、フォームの記載欄を埋めるというハードルすら越える気がない問い合わせは、**最初から相談に結びつく見込みが少ない**といえるのです。

　「そうはいっても、問い合わせ件数そのものが減ってしまっては元も子もないのではないか」という不安があるかもしれません。しかし、筆者の経験を踏まえても、フォームに多少の入力をすることさえしない（したくない）場合は、やはり法律相談まですする意思を持っていないことがほとんどです。

　もっとも、次で触れるような「調整」の余地はあります。

❹ 工夫の程度は調整していこう

（1）ハードルを上げすぎるのも考えもの

　あまりに問い合わせのハードルを引き上げると、それにより、本来は得られたはずの問い合わせや受任に結びつく問い合わせが失われる可能性もあります。

　基本的に問い合わせへのハードル（必須入力事項の数など）を引き上げれば引き上げるほど、問い合わせから相談や受任に繋がる可能性は上がりますが、問い合わせの総数自体は減少していきます。

　逆に、ハードルを引き下げれば問い合わせの数は増えますが、相談や受任に繋がる可能性は低下しますし、問い合わせ対応のコストも上がっていきます。

　そこで、分野や問い合わせ数に応じて、ハードルの高さを変えていくのもよいアイデアです。

　インターネットを用いた広告のよいところは、**試行錯誤や更新ができる**ことです。ですから、問い合わせが少ないと感じたときはハードルを引き下げ、逆に問い合わせは増えたが相談や受任に繋がらないときは上げていくというような工夫が適切です。最初から全部を決めて

しまい、それに固執する必要はないのです。

（2）分野によってハードルが不要なことも

　相談や受任に繋がらない問い合わせの回避のためには、問い合わせの段階でハードルを設けることが有効ですが、事案によっては当てはまらないケースもあります。

　典型的なのは、**借金問題**と、**刑事弁護**です。

　前者についていえば、最初から詳細に債務状況を説明してもらうことは、問い合わせ者にとってハードルが高いでしょう。債務状況について、例えば、「住宅ローンはサラ金の借金とは違うので申告しないこともあるから注意すべき」というのは、この手の事件処理の基本中の基本ですが、問い合わせ時に全て説明してもらうことは珍しいでしょう。また、そもそも面談が義務づけられている（債務整理事件処理の規律を定める規程3条1項本文）ので、面談時に聞くべき事項です。

　次に、刑事弁護についても、身柄拘束されている場合、本人が留置場からインターネットを使って問い合わせをすることはできません。ですから、問い合わせをする人は本人ではなくその家族です。そうなると「突然、朝、警察が来て連れて行かれた」という位の話しかすることができません。そういう状況で、悠長にネットのフォームを埋めて問い合わせをする余裕もないことが多いでしょう。このようなケースにおいては、フォーム入力を要求せず、電話対応をする必要があります。

　これらの類型の問い合わせは緊急性が高いため、「ちょっと電話で聞いてみたいだけ」のような案件は、ほかより比較的少ないです。ですから、ハードルを設ける必要性はさほど高くありません。

　また、次節や11節（148頁）で触れる、問い合わせ対応から相談や受任に繋げるコツを踏まえ、対応を工夫することも有効です。

相談が重要であることを理解してもらう方法

❶ 相談する気がない問い合わせ

　問い合わせの時点で法律相談をする意思がない、依頼する意思がないことはありますが、質問する意思すらないことはあり得ません（もちろんいたずらなどは除きます）。したがって、相談意思のない問い合わせをどうやって相談意思に繋げるかが課題になります。

❷ 伝えるべき具体的な事項

（1）基本的な考え方

　基本的な考え方は、「質問に対して回答しただけで事件は解決せず、かえって悪化することもある」「そもそも答えることが不適切である」ということです。ここで意識していただきたいのは、これは単なる営業トークの話ではないということです。「質問では儲からないから相談に繋げる」というような話ではありません。質問に答えるだけでは、かえって問い合わせ者のためにならないのです。

　弁護士のためだけではなくて、問い合わせ者のためにも大事であることを念頭に置けば、自信を持って法律相談を勧める対応ができますし、問い合わせ者に理解してもらいやすくもなると思います。

（2）問い合わせ時に伝えるべきこと

　問い合わせ時に、相談の重要性を理解してもらうために伝えるべきことを列挙します。具体的な伝え方は次節で解説するとして、ここでは伝えるべきこと、理解してもらうべきエッセンスを列挙します。

　まず、①もらった情報から質問に答えることはできないということ

を伝えます。例えば、刑事弁護について被疑事実の内容を話されて、起訴されるかどうか聞かれたとします。もちろん、その罪名から大体の見通しを告げることはできますが、前科前歴があるとか、被害額や被害感情、示談の見込み、余罪の有無といったもので結論は左右されます。

　ですから、まずは「この場で聞いた（聞くことのできる）情報では、十分な助言はできない」と伝えることが重要です。

　次に、**②その場で保証を与えることはできないという点を伝える**ことも大事です。

　特に電話の問い合わせで多いのですが、「起訴されませんよね？」「請求されないですよね？」「大丈夫ですよね？」というような問い合わせ（というより質問）は頻出です。

　①の例だと、弁護士に「起訴されない」と言ってもらったからといって、起訴されないわけではありません。弁護士から保証を取り付けても意味はないですし、仮に見通しが間違っていた場合は、トラブルになることもあります。そして、電話口では情報自体が不十分で、しかも、大事な（しばしば問い合わせ者にとって不利な）事情は「省略」されます。それでも、弁護士から保証を取り付けようとする問い合わせは、珍しくありません。

　筆者の経験上、本当に顕著なのですが、「法律相談はしたくないが、今すぐ答えだけ知りたい」という問い合わせ者は、例えばポータルサイトに掲載されている法律事務所の電話番号に「片っ端から」架電していることが多いです。そこで弁護士の答えを聞く中で、自分にとって不利な事情を熟知し、「この事情を伝えると、自分の希望する答えが出てこないから」と上手に省略をすることがしばしばあります。

　何の意味もないことですが、この時点で「弁護士に自分の希望に沿った答えを言わせる問い合わせのプロ」になっていることすらあるわけです。例えば、債権回収事件で「借用書はあるから大丈夫だ」という案件で領収書が出てくるとかいうようなこともあり得ます。となると、結局、トラブルの原因になる以外、何の役にも立たない保証し

か与えられませんので、意味がありません。

　また、根本的な問題として、③そもそも質問とその答えが事件の解決にとって意味がないケースも多いという点も伝えるべき場合が多いです。

　例えば、①の例だと、たしかに質問のテーマである起訴されるかどうかは大事なことです。ですが、今の時点でのその見通しを知ったところで、事件そのものが好転するわけではありません。起訴されるかどうかは、現在の状況にも左右されますが、否認事件であれば取り調べへの対応やこちらでの証拠の保全も重要になります。自白事件でも、示談できるかどうかが決定的に重要なケースは珍しくありません。①の例であれば、起訴されたくないのは当然として、そのために示談をする意思はあるのかという点が重要になってきます。

　問い合わせ者が気にしている事実と、弁護士として気になる事実（事件解決にとって重要な事実）は一致しないことが多いのです。

　もちろん、気にされている以上は答える必要はあるでしょうが、そもそもその質問に答えることが、どれだけ問い合わせ者のためになるのか、ためにならないのであればそのことを伝える必要があります。

　そして、④見通しを立てるため、そして選択肢を示すためには、法律相談が必要であることを伝えることが、何よりも大事です。

　短時間の質問とその回答では、弁護士が有益な回答をすることは困難です。

　「問い合わせ者が話したいことだけではなく、弁護士が助言のため、事件解決のために聞かないといけないことが大事である。そこまで話をするためには実際に法律相談を受けてもらわないとならない」ということは、どれだけ強調しても強調しすぎることはありません。

具体的な問い合わせ対応の方法

❶ 相談や依頼に繋げるために

（1）最初の問い合わせ時の対応が大切

　本節では前節までの前提知識を踏まえて、問い合わせ対応の具体的な方法、使うべき言葉、コツなどを説明していきます。

　電話にしろ、メールにしろ、最初の問い合わせ時点での対応次第でその後の**法律相談や受任に繋がる可能性を引き上げる**ことができます。また、相談にも受任にも繋がらない問い合わせに使う時間を減らすことができます。

（2）問い合わせ対応の基本

　問い合わせ対応の基本は、問い合わせ者の希望を聞き取ることも大事ですが、それ以上にちゃんとガイドしてあげる、誘導をしてあげることです。こう言うと、「弁護士のペースに乗せようって話ではないか」と思われるかもしれません。確かにそういう側面もありますが、これは何よりも問い合わせ者のためです。

　繰り返しになりますが、電話にしろ、メールにしろ、問い合わせをする時点でその人は悩みを抱えています。それは紛争かもしれませんし、身内の刑事事件かもしれません。冷静に事情を整理できていないことも多くあります。そういう場合は、落ち着いてもらうだけではなく、話の道筋をちゃんと弁護士がつけてあげること、弁護士が話の流れをリードすることはとても大事です。

❷ 問い合わせの電話の受け方

（1）ちゃんと名乗って、そして名乗ってもらう

　電話を受けた時点、これは自分が受話器を取った場合でも事務局から電話を回してもらった場合でも「名乗り」を重視しましょう。

　具体的には**自分の名前をフルネームで伝える**、それも意識して**少し大きめの声で「ゆっくり」**と名乗ります。

　読者も経験があるかと思いますが、たちの悪い営業電話に限って、名前どころか社名もすごい早口で聞き取れなかったりするものです。しっかりと名乗れるというだけで、安心感や誠意を示すことができます。

　また、弁護士ポータルサイトに登録している場合、複数の法律事務所に電話をしている可能性があります。**自分の事務所と名前を覚えてもらうこと**は、最後に選んでもらうために重要です。

　さらに、問い合わせ者の名前がわからないと対応は困難なので、自分が名乗った後、問い合わせ者が名乗らないようであれば**名乗ってもらいましょう**。

　問い合わせ者の中には、名乗るのに抵抗のある人がいるかもしれません。そういう人はそもそも相談意思に乏しいことも多いのですが、「利益相反の確認のために必要である」ということを説明して名乗ってもらうようにしましょう。

　それでも名乗りたがらない人に対しては、利益相反を確認しないと知らずに相手方に事情が伝わるリスク（利益相反の確認ができない結果、双方から相談を受ける可能性があるため）もあること、弁護士には守秘義務があるので安心してほしいことを伝えると効果的です。特に前者は、問い合わせ者の利益に関わるので納得してもらえることが多いです。

　それでも名乗らないのであれば、一般的な事項に限って答えるか、お断りするべきです。せっかくの問い合わせなのに、お断りするのはもったいないと感じるかもしれませんが、相談にも依頼にも結びつく

見込みが少ないので、もったいないなんて考える必要はありません。

「名前をフルネームではっきりと伝えること」はなんでもないことのように思えますが、意外と効果的です。

筆者の経験でも、相談者や依頼者から「**誰かわからない弁護士に冷たくあしらわれたけれども、ここは違った**」などと言ってもらえたことが何度かあります。

自分からすれば、自分の名前など百も承知でどうでもいいことかもしれません。ですが、不安な中で問い合わせをする人にとって、自分が**不安を伝える相手が誰なのかはとても興味がある**ことなのです。

（2）事情は聞くが最重要ではない

弁護士が質問に回答するためには、質問だけではなくて、前提となる事情が必要です。債権回収であれば、回収の見通しについての質問に答えるには、債権の内容とか債務者の事情といった情報が必要になります。したがって、最初に事情を聞く必要があります。

もっとも最初から事情を整理して話せる問い合わせ者は、それほど多くありません。それなりに込み入った事情を、他人にわかりやすく説明する・言語化するというのは、私たち弁護士にとっては日常業務ですが、ある種の特殊能力であり、訓練が必要です。

わかりにくいのは当然であり、プロである弁護士にはそれにちゃんと対応することが求められています。

さて、訓練を積んだわけでもなく、さらに不安や緊張な状態である問い合わせ者に、「整理してわかりやすく」話すことを求めるのは無理な話です。わかりにくい、事情が把握できない説明でも、まずはちゃんと聞く必要があります。確かに、話を聞いても事情を正確に把握することはできないかもしれません。ですが、最初の問い合わせ時点で事情を聞くことは、事情を把握するだけではなく、「**話してもらって落ち着いてもらう**」という大事な意味もあるのです。

「まずは話を聞いてほしい」という気持ちの人はたくさんいます。そこで、最初はひとまず話してもらうようにします。ここでの主目的

は弁護士が事情を把握することではなく、落ち着いてもらうこと、信用してもらうことにあります。

また、どういう人であるか、人物像を把握するためにも重要です。**最初の話し方に、その人の性格、もっといえば本質が出ます**。ケースによっては攻撃的であるとか、いきなり言質を取ろうとしてくるとか、信頼関係が築きにくい人もいます。そういう判断をするために、ここでの話し方は重要な情報です。

事情を聞く最大の目的は、事情を聞くことそのものではなく、問い合わせ者を落ち着かせ、そして、その人の人物像を知ることにあるのです。

（3）最初は遮らず、その後はしっかりと遮る

具体的な聞き方ですが、問い合わせ者がしゃべりたいのであれば、最初の数分はしゃべるに任せましょう。

問い合わせ者・相談者の話す内容について、主語と述語が対応していない、主語が抜けている、いつ・どこで・誰がということがよくわからないことは、よくあります。

思わず遮って、「誰がしたことなんですか？」「それはいつのことですか？」等と聞いてしまいがちですが、最初から第三者である弁護士にすぐに理解できるように事情を整理して話すことなどできるはずがありません。問い合わせ者は非常に不安を感じているわけですから、落ち着いて整理して弁護士がわかるように話すことを期待することこそ不適切です。

とにかく最初の時点では、十分にしゃべってもらって問い合わせ者を知る、落ち着いてもらうことが信頼関係の基礎を作るためにも大事です。

ですから、最初の段階では**少なくとも数分間ないし話が途切れるまで**は、一切、問い合わせ者のしゃべることを遮るべきではありません。話を遮り案内に進むのは、少なくとも数分後にするべきです。

たとえ、問い合わせ者が整理せずに一方的に話すだけで、「わから

ない」ことだらけであってもやむを得ません。もっともこの場面での主なポイントは、問い合わせ者に少し落ち着いてもらう、**弁護士に話を聞く用意があることを理解してもらう**ことです。この主目的を念頭に置けば、ちょっとわからないからと話を遮りたくなることも少なくなると思います。

（4）法律相談が必要であるとして案内する

　話がわかりにくくても、まずは問い合わせ者の話を聞くこと、話してもらうこと自体が目的であることはお話しました。さて、この問い合わせを法律相談に繋げるには、折を見て、場合によっては話を遮って、こちらから法律相談の提案をする必要があります。

　伝えるべき要素は、前節で説明しましたので、ここでは伝える内容ではなく、伝え方について解説します。

　ここでするべきことは、「法律相談をご希望とのことでよろしいですね。それでは、**詳しくお話を伺って検討したく、法律相談の予約を承りたく存じます**」というように、話を法律相談の方向に導くことです。

　「そりゃ当たり前だろう」と思われるかもしれません。ですが、これは効果的かつ重要であるにもかかわらず、あまり意識はされていません。

　弁護士から問い合わせ対応について相談を受けると実感することなのですが、やはり「ずるずると長時間話すだけ話して相談にも繋がらない」「なかなか有益なアドバイスに繋げられない」ケースが多いのです。これは、**最初に法律相談への誘導をはっきりとできていないことが主な原因**です。弁護士としては、ひとまず困っている人、わからないで不安な人がいる以上「今聞かれたことに答えよう」という意識が先立ってしまうのではないかと思いますが、これは結局、弁護士にも問い合わせ者のためにもならないことは指摘した通りです。

　また、正式に法律相談をする意思がなく「ちょっと聞きたいだけ」というケースを回避するためにも、上記の対応は有効です。

なお、場合によっては、この法律相談の案内に対して「（相談したいのではなくて）ちょっと聞きたいだけ」と言われることもあります。これについては、「そもそもこの場で聞いただけの情報から弁護士が助言することは難しい。それをしたとしても、そもそも問い合わせ者のためにならない」という切り口で説明をすることが大事です。

　また、「それでは、今からこの電話で相談をしたい」と言われることもあります。これについては、必ず、「**ご相談については、事前に予約をお願いしています**」と案内しましょう。現実問題として弁護士にも予定があるので、今すぐこの場で相談をするということは時間的に難しいでしょう。そもそも十分な時間を取ってアドバイスをするためには、ちゃんと時間調整をすることが大事です。「今後も予定があり、また、十分にお話を聞くために、事前の予約をお願いしています」というように提案をするといいでしょう。

　「そのせいで『じゃあやめた』と打ち切られてしまったらもったいない」と思うかもしれませんが、予約して調整する意思すらない問い合わせ者は、そもそも相談や依頼をする意思が希薄なことが多いのです。ですから、このように思う必要はありませんし、その時間を事件処理やほかの問い合わせ対応に用いたほうが、自分やほかの依頼者のためになります。

　「相談意思の低い問い合わせは早めに打ち切ることもやむを得ない」という認識をするには、弁護士の意識改革が必要です。もちろん、ちょっと聞きたいだけのニーズに対応すること、あるいは、相談意思がそもそもない場合でも、強く相談に誘導することに公益的価値のあるケース（例えば一部の借金問題など）もあるかもしれません。筆者としても、そういうケースの存在を否定するわけではありませんが、原則的にはしないものと考えたほうがいいと思います。

（5）メールアドレスの重要性と簡単な交換方法

　メールでの連絡は、円滑に予約調整をしたり事前に資料をもらったりするのに便利です。

予定調整でも、聞き間違いやメモの間違いで事故が起きることを防止することに役立ちます。間違った時間に来られて対応できずにトラブルになってしまうことも防ぐことができます。メールでやりとりをすればお互いのメッセージが文字で残るからです。聞き間違いを起こす余地もありません。

　また、事前に資料をもらうのにも便利です。ほとんどの人がカメラ付き携帯電話ないしスマートフォンを利用しているので、それで書類の写真を撮ってメールで送ってもらえれば事前の検討も可能だからです。

　そういうことで、メールは便利ですし、メールアドレスを交換することはその後の円滑なやりとり、ひいては相談や受任に結びつけるために重要であるといえます。

　ただ、電話口でメールアドレスを伝えるのは非常に難しいです。電話越しでアルファベットは伝えづらいですし、記号を多用しているとさらに難しいです。

　そこで、一番おすすめの方法は、**携帯電話の SMS（ショートメッセージ）で自分のメールアドレスを送る**ことです。この方法が一番確実です。

　もっとも（特別なサービスを使わない限り）発信すると自分の携帯電話番号が相手に伝わるので、問い合わせ者に携帯電話の番号を教えたくない場合には向きません。

　そこで、電話口で伝える場合は次のようにします。まず、**伝える専用の短いメールアドレスを別に用意**しておき、そのメールアドレスを伝えます。さらに「愛知県の『a』」と伝えるなど聞き間違いがないようにします（こういう聞き間違いを防止する工夫をフォネティックコードといいます）。

　些細なようで、メールアドレスを弁護士から知らされ、**メールで連絡をするとなると相談意思が明確化**され、相談や依頼に繋がるので、意外と大事で奥が深いポイントです。

12 メールによる問い合わせ対応と相談・受任に繋げる工夫

❶ メールによる問い合わせ対応

（1） メール経由での問い合わせは大事

　ここでは、メールによる問い合わせにメールで対応する、あるいは、電話で問い合わせにメールで対応する場合の工夫や心得、具体的なメール記載内容について説明します。

　さて、メール経由の問い合わせは、相談や受任に繋がる割合が高いです。

　人にもよりますが、通常メールフォームに詳しい事情や住所まで記載して問い合わせることは、それなりの**覚悟とエネルギーが必要**ですから、それをしている時点でかなり「真剣」な問い合わせであるといえます。真剣であればこそ、相談や受任に繋がる割合も高いです。

（2） 対応に気をつけないといけない理由

　メール経由での問い合わせは「価値ある」問い合わせなので、それを無駄にしないよう、対応には気をつける必要があります。

　また、リスク回避の側面からも注意が必要です。

　つまり、メールである以上は、こちらの送ったメールが記録に残ります。返信には問い合わせ者の送信文面も入るので、質問の内容も残ります。そのため、事案によっては相談前に法的問題に関する質問について、簡単な回答をすることもあると思いますが、そこで間違いがあるとトラブルの原因になりかねません。また、問い合わせ者が提供した情報も記録として残るので、大事な事情を看過したとか、あるいは、こういう前提事情があればほかにも事情を確認するべきであった

のに安易に回答をしてしまったという間違いも記録に残ります。

　要するに、メールによる問い合わせは大事な問い合わせであるというだけではなく、対応を誤った場合にトラブルになりやすい問い合わせでもあるということです。なりすましや偽名相談をされたりメールで質問をしておいて、その回答をコピーアンドペーストし、「弁護士も、〇〇が悪いといっているぞ！」と投稿されるなど第三者間のトラブルに悪用されたりするリスクもあります。

❷ 具体的な対応方法

（1）対応の基本と返信のタイミング

　メール問い合わせに対する具体的な対応方法は、前節で触れた電話での問い合わせへの対応と大きくは変わりません。もっとも、❶(2)で触れたような事情があるので多少の工夫は必要です。

　まず、返信のタイミングは、できるだけ早いほうがいいでしょう。返信が早いか遅いかは、意外と問い合わせ者は気にします。「あんまり早く返信すると、暇な弁護士と思われそう」と思われるかもしれませんが杞憂です。筆者個人としては「そう思われたとしても、**早い返信で頼もしいと思ってもらえるほうがいい**」と思っています。

　ただ、どうしても気になるのであれば、緊急性のありそうな案件なら「緊急の対応の必要があるかと思い、取り急ぎ、返事をさせていただきました」などと書き添えるといいでしょう。

（2）メールタイトルで誤送信を防ぐ

　メールのタイトルは問い合わせ者名や問い合わせに関する返事であることをわかるようにしましょう。誤送信を防止することができますし、返事の有無を確認しやすくなります。

　メールの宛先間違いなどの事故がよく話題になりますが、そういう事故は最初のやりとりで生じるので、最初からメールアドレスは手入力しない、コピーアンドペーストや「返信」機能を使うか、送信先の個人情報を抜いた文面で「弁護士の〇〇です。先ほどの件でメールを

差し上げました。無事に受信できましたら、お返事ください」と確認メールをするなど注意を払うことが必要です。

逆に弁護士名や法律事務所名をタイトルに入れるほうが親切であるという考えもあります。それも良いとは思いますが、筆者としてはやはり事故防止を重視して、**問い合わせ者の名前**を入れるほう（あるいは冗長になるが両方を入れる）をおすすめします。

（3）メールの冒頭で安心させる

メールの冒頭でできればフルネームで名乗り、問い合わせへのお礼と、1文でいいので**事案の要約**を入れましょう。「親族に200万円を貸して借用書も作ったが、返してくれない」とか「お子様が本日朝に警察に連れて行かれて逮捕されてしまった」とか、そのようなもので結構です。不安を抱えている人は、自分の伝えたことを**要約してもらえると安心感を覚えます**。また、弁護士としてもちゃんと事情を把握する、間違いをなくしてトラブルを防止する効果もあります。

（4）「留保」の重要性

次に、留保付きで基本的な方針を提案します。「伺った事情の限りでは……と思われますので、基本的には……ということが考えられます」というようにです。ここでのポイントは「**判断の基礎は伺った事情の限りである**」と伝えることです。弁護士であれば経験のあることですが、大事なことを最初に教えてくれないこともあります。

極端な例ですが、筆者は、貸金返還請求事件で借用書は完全に揃っていたのに相手方は弁済を主張していたことを受任後に知ったことがあります。

大事なこと、それも問い合わせ者に不利なことは、しばしば、こちらから聞かないと教えてもらえません。ですから、以上の留保を付けることは、「○○になるって言っていたじゃないか！」などというトラブルの防止、また、相談に繋げる（誘導する）ためにも大事です。

（5）法律相談の必要性を理解してもらう

　「伺った事情の限りである」という注記は、法律相談の必要性を理解してもらい相談に繋げるためにも効果的です。要するに、ここで答えられるのは教えてもらった事情の限りであるということ、**より詳しくて正確、かつ、より有効な回答をするために**は法律相談が必要であることを伝えて理解してもらうものです。

　例えば、債権回収で借用書などが揃っている場合、弁護士としては「伺った限りでは」裁判には勝てる、債務名義はとれる可能性が高いと言うことになります。もっとも、実際に回収できるかどうか、あるいは、そのためにどういう手段をとれるかはまた別の問題であり、それは、相手方の事情も含めて詳しく聞かないとわかりません。

　以上をまとめると、自己紹介（名乗り）→事案の要約→伺った限りでの簡単な答え→いろいろな可能性の提示→結論を導くには法律相談が必須という構成で案内することになります。

❸ どうしてもメールで答えてほしいと言われた場合

　「どうしてもメールで答えてほしい。それ以外の相談を希望しない」と言われるケースもあります。これまで説明した通り、相談者があえて話さない事情こそ重要であることはしばしばです。となると、メールだけで回答をすると不正確な内容になり、また、それが一人歩きするなど、弁護士だけではなく相談者のデメリットにもなります。

　もっとも、断るだけでは「なんで答えないんだ！」などと言われて、トラブルの原因になりかねません。そこで、**「伺った限りでは」**と留保して、最初の返答よりも少し詳しくした程度の回答をすると良いでしょう。こちらとしてはできる限りの対応はしているわけですし、これ以上の回答は双方のためにもなりません。

　なお、「とにかくメール以外で話したくない」という問い合わせは、相談や依頼の意思がほとんどないことが多いです。また、偽名相談のケースも多いので、相談に繋げるというよりは、上記の対応を通じてトラブルを防止することを重視するといいでしょう。

13 最後に伝えたいこと

❶ 実は弁護士広告は特別なものではない

　本書では、弁護士広告の社会的役割、弁護士広告の記載内容、その後の改善や実施後の問い合わせ対応はどうするべきかということを説明してきました。

　おさらいすると、記載内容については「問い合わせ者がいつも疑問に思っている、よくある疑問をテーマにしていくべきである」と解説しました。また、文面の作成はわかりやすくすること、そのためには「法律相談をするつもりでパソコン画面ではなく、相談者が目の前にいるとイメージして広告文を作成するべきである」と解説しました。

　問い合わせ対応においては、「相談で詳しい内容も聴取せずに、安易に問い合わせに答えてしまうことのリスク」について触れました。また、「法律相談が大事なこと」だからこそ「問い合わせから法律相談につなげることが大事であること」「それこそが問い合わせ者のためになること」、また「問い合わせを相談に繋げる方法」についても詳しく解説しました。

　また、「中には対応に注意が必要な問い合わせ、危険な問い合わせもあることとそれから身を守る方法」について解説しました。弁護士広告を行う上でも、「危険な問い合わせから身を守ることは自分のためだけではなく一緒に働く仲間を守るためにも、ほかの依頼者のためにも大事であること」はどれだけ意識しても意識し過ぎることはありません。

　こうやってこれまでの解説を並べて見ると、実は、あまり特別なことは述べていません。問い合わせから案内、そして相談と受任におい

て、それこそ**弁護士広告が解禁される以前から弁護士が心得るべきで**ある基本的な話と大枠は変わらないといえます。

　もちろん弁護士広告は広告ですから、純粋な法律相談などとは違います。法律相談と全く同じ記載にすることはできません。

　ですが、基本は共通であることは、本書を読んで納得いただけたのではないでしょうか。

❷ 弁護士だったら弁護士広告ができるはず

　弁護士広告というと、やはり「広告」ということで、何か特別なことを書かないといけないと思われがちですが、これまで説明した通り、あくまで**基本は法律相談**です。

　弁護士広告は特別なものではありません。もちろん広告固有の注意点は多数ありますが、普段の弁護士業務で行うような情報提供や法律相談を広告という特性に合わせて修正することが原則です。

　ですから、弁護士広告を出すために、広告を出そうとしている分野の事件について、一から新たに学ぶ必要はありません。

　もちろんより効果的な広告を目指すにあたって、テクニックを習得していく必要はあるでしょう。ですが、弁護士広告の基本についてだけいえば、弁護士なら持っているはずの知見で十分に足りるはずです。

❸ 弁護士広告のこれから

　弁護士広告は、社会のニーズに合わせて行われます。そういう意味で、弁護士広告というのは、社会が弁護士に求めているものを映す鏡であるといえます。

　現在では、社会のインターネット上の表現問題、誹謗中傷に関する関心は非常に高いものがあります。

　筆者が弁護士になったばかりの頃は、インターネット上の表現トラブルに関する法律問題を扱う弁護士はそれほど多くはなかったと思います。

　しかし最近は、インターネットで検索すれば、そのような業務を扱

う弁護士が大勢見つかります。この分野で弁護士が見つからないで困ることはまずないでしょう。

このように、弁護士広告は、社会の弁護士への**ニーズに合わせて変化し、発展していく**ものであるといえます。

また、市民からすれば弁護士広告は、弁護士を映す鏡であるといえます。それだけに、わかりやすく適正な、そして虚偽や誤導のない広告を行うことは、社会の弁護士に対する信頼を維持する上で非常に重要だといえます。

一方で、弁護士広告には、弁護士業務の高度の専門性ゆえに、利用者が誇大広告に騙されやすく「やった者勝ち」になってしまうという問題があります。この対処は、弁護士自治制度の下では弁護士会の重要な責任であり、迅速に対応するためのより適切なルール作りなどは、今後の課題であるといえます。

本書を読んだ弁護士がよりよい弁護士広告を行い、その結果、1人でも多くの市民が適切な弁護士にたどり着くことができるようになり、弁護士も専門性を高めることができるようになれば、筆者としてはこれに勝る喜びはありません。

〈著者紹介〉

深澤　諭史（ふかざわ・さとし）

　　2006年　明治大学法学部法律学科卒業

　　2009年　東京大学大学院法学政治学研究科法曹養成専攻修了

　　2010年　司法修習修了・弁護士登録（第二東京弁護士会）

〈主要著書〉

単著

『Q＆A　弁護士業務広告の落とし穴』（第一法規、2018年）、『改訂版　これって非弁提携？　弁護士のための非弁対策Q＆A』（第一法規、2020年）、『インターネット権利侵害 削除請求・発信者情報開示請求 "後"の法的対応Q＆A』（第一法規、2020年）、『インターネット・SNSトラブルの法務対応』（中央経済社、2020年）、『まんが 弁護士が教えるウソを見抜く方法』（文）（宝島社、2020年）

共著

『その「つぶやき」は犯罪です―知らないとマズいネットの法律知識』（新潮社、2014年）、『知らないではすまされないインターネット利用の心得ケーススタディ』（きんざい、2014年）、『弁護士　独立・経営の不安解消Q＆A』（第一法規、2016年）、『先を見通す捜査弁護術』（第一法規、2018年）、『弁護士「セルフブランディング×メディア活用」のすすめ』（第一法規、2020年）

集客力がアップする！
弁護士のためのネット広告入門

2021 年 10 月 20 日　初版発行

著　者	深澤諭史	（ふかざわさとし）
発行者	佐久間重嘉	
発行所	学 陽 書 房	

〒102−0072　東京都千代田区飯田橋1−9−3
営業　電話　03−3261−1111　FAX　03−5211−3300
編集　電話　03−3261−1112
http://www.gakuyo.co.jp/

ブックデザイン／佐藤　博
DTP 制作／みどり工芸社　　印刷・製本／三省堂印刷

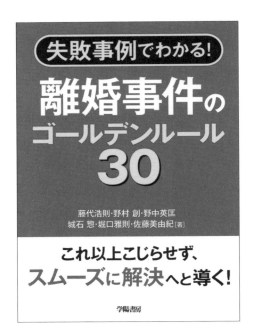